直播情境下共存临场感对消费者购买意愿的影响

刘珈希　著

中国商业出版社

图书在版编目（CIP）数据

直播情境下共存临场感对消费者购买意愿的影响 / 刘珈希著. -- 北京 : 中国商业出版社, 2024. 6.
ISBN 978-7-5208-2969-4

Ⅰ. F713.365.2

中国国家版本馆CIP数据核字第2024HU3026号

责任编辑：袁　娜

中国商业出版社出版发行
（www.zgsycb.com　100053　北京广安门内报国寺 1 号）
总编室：010-63180647　编辑室：010-83128926
发行部：010-83120835/8286
新华书店经销
北京厚诚则铭印刷科技有限公司印刷
*
710 毫米 ×1000 毫米　16 开　8.5 印张　145 千字
2024 年 6 月第 1 版　2024 年 6 月第 1 次印刷
定价：50.00 元
* * * *

摘　要

随着互联网技术和5G网络的快速发展，消费者的日常生活逐渐呈现碎片化的趋势，移动终端在此过程中扮演了至关重要的角色，占据了消费者大量的碎片化时间。与此同时，消费者对内容的需求也在不断升级，他们不再满足于传统的文字和图片形式，开始转向更具视觉冲击力和信息丰富性的视频内容，这一转变直接推动了移动短视频的快速兴起。近年来，直播带货在我国电商行业和消费市场中崭露头角，成为一种备受欢迎的销售方式。直播带货销售额在过去几年呈现出快速增长的态势，吸引了越来越多的消费者和商家参与其中。直播带货的内容日益丰富多样，涵盖了服装、美妆、食品、家居用品等多个领域，满足了不同消费者的多样化需求。各大电商平台纷纷加大对直播带货的投入，不仅加剧了市场竞争，而且推动了直播带货市场的快速发展。随着技术的不断进步，直播带货平台致力于提升消费者体验，增强互动性和个性化推荐，以吸引更多消费者的参与。直播带货作为一种新兴的销售方式，在电商行业和消费市场中发挥着越来越重要的作用，其销售额的持续增长、内容的多样化以及消费者体验的不断提升，都表明直播带货市场具有巨大的潜力和广阔的发展前景。

本书专注于研究直播情境下共存临场感对消费者冲动购买意愿的影响机制，基于SOR模型和ELM理论，引入心流体验和信任作为SOR模型中“机体”部分的情感和认知状态，构建了共存临场感对消费者冲动购买意愿产生影响的模型。本书旨在深入剖析直播情境下，心流体验和信任如何作为中介变量，影响消费者的冲动购买意愿。研究结果揭示了高水平共存临场感能够显著增强消费者在直播购物中的心流体验。这不仅验证了SOR模型在直播购物场景中的适用性，而且还为其理论发展提供了新的视角和思路。在传统的线下营销中，冲动购买行为往往与营销刺激和情境因素密切相关，如价格促销、时间压力、销售氛围以及触觉体验等。这些外部刺激激发了消费者的内部状态，如价值感和身份认同，进而使之产生冲动购买意愿。本书进一步证实，在直播情境下，共存临场感能够诱发消费者的心流体验和信任感，从而增强其冲动购买意愿。这一发现将冲动购买的研究领域拓展至线上直播，并揭示了线上线下消费者行为的共通之处。鉴于直播带货这一新兴业态的发展时间相对较短，在信息来源方面关于消费者在直播中行为的研究仍显不足，本书为后续研究提供了新的启示和方向，并对信息来源特征的既有研究进行了有益的补充。

本书分为案例研究和统计研究两部分，案例研究采用访谈形式，统计研究利用共存临场感量表、心流体验量表、信任量表、打赏感知和打赏意愿量表、冲动购买量表，通过问卷调查法收集了 1135 份有效数据，利用 SPSS 24 和 Mplus 8.4 软件分析，以探究直播情境下共存临场感与冲动购买的关系。结果表明：直播情境下的共存临场感显著正向影响心流体验、显著正向影响信任、显著正向影响消费者冲动购买意愿，而心流体验、信任则显著正向影响冲动购买意愿；打赏感知在共存临场感对心流体验、信任的影响过程中的调节效应不显著。不同打赏意愿下，心流体验、信任在共存临场感与冲动购买意愿间的中介效应显著且存在差异，即打赏意愿调节了心流体验、信任的中介作用（有调节的中介模型成立）。

本书发现，消费者的心流体验和共存临场感对其冲动购买意愿具有显著影响。企业和主播需要不断革新直播营销策略，优化直播间环境，提高互动质量，以与消费者建立信任关系。具体而言，企业和主播应当致力于营造一个温馨、舒适的直播环境，使消费者在观看直播时能够感受到强烈的共存临场感。通过精心设计的直播间布局，运用高清画质和流畅的网络传输技术，为消费者带来身临其境的观看体验。同时，主播在直播过程中应展现出高度的专业性和互动性，通过实时回答消费者提问、分享产品使用心得等方式，加强与消费者的沟通与交流。在直播平台的系统设计中，也应充分考虑消费者的心流体验和共存临场感。平台可优化功能设计，如增加实时互动效果、提升反馈速度等，以提高消费者的参与度和沉浸感。此外，平台还可为主播提供独家定制功能，如个性化展示、专属互动道具等，以展现主播的独特魅力和专业性，进一步吸引消费者的关注。在电子商务和直播营销领域，提升消费者在直播过程中的共存临场感，并有效激发其冲动购买意愿，已成为行业发展的重要课题。只有在直播间系统设计中，着重围绕提升消费者的共存临场感来优化系统功能和布局，综合运用多种技术手段和创新策略，企业和主播才有望在竞争激烈的电商市场中脱颖而出，实现营销目标。

目　录

1. 绪　论

1.1　研究背景

近年来，随着流媒体技术的飞速发展，网络直播平台如雨后春笋般涌现。这些平台提供了一种新颖的视频互动娱乐方式——直播购物。由于其独特的可见性、真实性、生动性和互动性，直播购物受到了广大消费者的热烈欢迎。越来越多的消费者开始倾向于选择直播平台进行购物，这已经成为一种不可忽视的消费趋势。根据中国互联网络信息中心（China Internet Network Informort Center，CNNIC）发布的第 53 次《中国互联网络发展状况统计报告》，我国网民规模庞大且持续增长。截至 2023 年 12 月，我国网民规模已达到 10.92 亿人，互联网普及率提升至 77.5%。值得注意的是，短视频用户规模已经达到了 10.53 亿人，占网民整体的 96.4%。这一数据充分表明，短视频已经成为人们日常生活中不可或缺的一部分，越来越多的人选择通过观看短视频来获取信息、娱乐和放松自己。短视频的快速发展离不开我国移动互联网的普及和网络技术的不断进步。随着智能手机的广泛普及，人们可以随时随地享受短视频带来的乐趣。此外，网络技术的进步也为短视频的流畅播放和高清画质提供了有力支持。

随着 5G技术的广泛普及，短视频行业迎来了前所未有的发展机遇。在 2021 年至 2023 年的短短两年间，抖音与快手两大短视频平台上的电商直播观看人次及购买转化率均呈现出稳健的增长态势。特别是在 2023 年，这两大平台的电商直播观看人次高达 5635.3 亿，购买转化率也达到了 4.8%。这一显著增长不仅反映了移动短视频平台用户规模的不断扩大，更凸显了直播带货这一新兴营销模式的巨大潜力。直播带货，作为一种颠覆传统的营销方式，正逐渐改变着消费者的购物习惯。它通过实时互动、个性化推荐等方式，为消费者带来了更加直观、便捷的购物体验。同时，对于商家而言，直播带货也提供了一种全新的销售渠道，极大地提升了品牌的知名度、促进了产品销售。值得一提的是，直播带货模式的兴起还催生了一批具有影响力的主播。他们通过自身的影响力和专业知识，为消费者推荐优质商品，实现了巨大的销售额。这种新型商业模式不仅为消费者带来了更多选择，也为商家创造了更多的商业机会。

经过对传统电子商务与直播电商的对比分析，发现电商直播具有突破时空限制的独特优势。直播与电子商务的深度融合，不仅丰富了消费者的视听体验，还通过更直观的产品展示和更真实的购物环境，为消费者带来了前所未有的认知和情感满足。在这一过程中，主播作为信息传递的关键媒介和互动主体，扮演着举足轻重的角色。在直播间内，消费者通过主播的细致介绍和实时互动，不仅能够深入了解产品特点，还能在情感层面获得满足。主播的个人魅力和风格更是对消费者产生深远影响，进而影响他们的购买决策。尽管电商直播的发展势头迅猛，但关于直播购物的学术研究尚处于起步阶段。随着移动互联网和5G技术的不断演进，用户将能够享受到更加稳定、高质量的视频连接体验，这无疑将进一步提升直播购物的观看体验。直播营销模式的简便搭建、强大营销效果、广泛适用场景以及较低成本等优势，使其在5G时代拥有更为广阔的发展空间。当然，网络直播购物中的冲动性购买现象也不容忽视。学者普遍认为，这是一种缺乏计划性、充满主观享乐性和强烈欲望的复杂购买过程。相较于传统线下购物，网络购物的时空自由性使得消费者更容易受到冲动的影响。而在直播营销中，消费者通过屏幕发言与主播进行互动，这种新型的互动模式正逐渐成为商家们竞相采用的营销策略。

网络直播购物中的冲动性购买行为，作为现代消费行为研究的重要议题，一直备受学者们的关注。这种行为被普遍认为是一种复杂的心理过程，其特点在于缺乏计划性，充满了主观享乐的成分，并且往往受到强烈欲望的驱使。在网络购物中，消费者因时间和空间限制的消解，更容易受到冲动的影响，从而发生冲动性购买。相较于传统的线下购物模式，网络直播购物以其独特的互动性和实时性为消费者和卖方（主播）提供了一个近似"面对面交流"的购物场景。它不仅使消费者能够实时观看和互动，还能通过主播的介绍和推荐，对产品有更深入的了解。此外，这种购物模式还为多个消费者提供了实时互动的平台，增强了购物的社交性。尽管已有部分学者开始关注电商直播中主播的重要性，并深入研究主播的属性和特征如何影响消费者的内在状态，进而影响其在线购买行为，但这一领域的研究仍然相对有限。在直播带货的过程中，主播通过与观众进行高度实时的互动，在线展示并推荐产品，传递产品信息，为消费者创造了一种强烈的共存临场感。主播的个人外表、言语和魅力等因素，也能使观众在观看直播时感受到愉悦的心流体验，从而增强购买意愿。目前，网络直播已广泛应用于线上营销，包括抖音、快手等短视频平台也增加了直播功能。通过在线直播营销，许多商家和农民的收入水平得到了显著提高，生活质量也得到了明显提高。移动互联网为直播营销提供了极大的便利，使得直播营销已成为各类商家竞相采用的营销方式。

电商直播作为一种新兴的销售模式，其最大的特点在于突破了传统的时空限制，为消费者带来了全新的购物体验。在直播环境中，消费者能够实时接收到来自主播的多元化信息刺激，这些信息源的特性往往能够引发消费者内在情感和认知状态的变化。这种情境下，消费者往往能够获得强烈的现场感和愉悦体验，这种情境更容易诱发他们的冲动购买行为。事实上，电商直播情境中的冲动购买现象十分普遍。这种购买行为通常缺乏计划性，更多地受到消费者主观情感和欲望的驱动。然而，尽管冲动购买在电商直播中普遍存在，但关于其内在机制的研究仍显不足。因此，本书旨在从主播信息源特性的角度出发，深入探究这些因素如何影响消费者的冲动购买意愿。具体而言，本书将关注不同主播信息源特性如何影响消费者的内在认知和情感状态，并进一步激发其冲动购买意愿。此外，考虑到直播营销中消费者可以通过屏幕发言与主播进行互动，甚至在一定程度上影响主播的行为，这种直接参与的方式很可能通过增强消费者的现场感和购物体验，进一步影响他们的冲动购买意愿。通过深入研究这些因素，本书希望能够为电商直播的发展提供更为专业、客观的理论支持，同时也为商家和主播提供更为有效的营销策略，以促进电商直播行业的健康发展。

1.2 研究目标

电商直播，作为“宅经济”现象的重要支柱，对扩大消费需求起到了一定的作用。它不仅是一个商品推广与营销的平台，更融入了娱乐元素，为用户提供了既愉悦又高效的在线购物体验。在电商直播的环境中，用户的购物决策不仅依赖于平台所提供的技术便利性，还深受一种名为“共存临场感”的心理因素的影响。这种临场感，作为消费者沉浸体验的一部分，对激发其冲动购买意愿起到了关键作用。电商直播融合了电子商务的便捷性与社交互动的功能性。当消费者观看电商直播时，他们的购买意愿很大程度上取决于直播体验的质量。其中一个尤为关键的概念是“心流体验”，它描述了消费者在参与直播活动时所能达到的最佳心理状态，表现为内心的愉悦、注意力的集中以及时间感知的淡化等特征。这种心流体验不仅增强了消费者的购物满意度，也为电商直播行业提供了优化用户体验和服务质量的重要方向。

在电商直播的购物环境中，专业且与用户高度契合的意见领袖发挥着至关重要的作用。他们通过传递有效信息和强互动性的交流方式，不仅满足了用户的需求，还使用户能够真正享受购物的乐趣并沉浸在电商直播的氛围中。当用户通过共享现场感获得愉悦的心流体验时，这种体验进一步激发了他们的购买意愿，并推动了实际购买行为的发生。在这一过程中，用户对于所购产品的质量、物流效率、售后服务以及隐私保护等方面的信任感逐渐增强，从而进一步提升了冲动性购买的意愿。值得注意的是，电商直播平台在推广营销产品的同时，也兼具娱乐属性，在购物过程中，消费者可能会选择进行打赏，这不仅丰富了消费者的购物体验，也成为主播收入的重要来源之一。电商直播中的主播通过传递有效信息和强互动性的交流方式，为消费者带来了愉悦的购物体验。同时，电商直播平台的娱乐属性以及消费者对产品质量、物流、售后服务和隐私等方面的信任感，共同促进了冲动性购买意愿的提升。而消费者的打赏行为则为主播提供了额外的收入来源，进一步丰富了电商直播的商业模式。

在电商直播平台的背景下，本书深入探讨了主播如何利用实时分享和高互动性等特性，通过增强消费者的共存临场感，进而提升消费者忠诚度的问题。随着电子商务与社交活动的日益融合，如何在电商直播平台上提升消费者的共存临场感变得至关重要。关于共存临场感，特别是打赏意愿和打赏感知对冲动性购买意愿的影响机制尚未得到充分研究，本书致力于填补这一空白。本书以共存临场感为自变量，心流体验和信任为中介变量，打赏意愿和打赏感知为调节变量，构建了一个理论模型。这一模型旨在揭示电商直播环境中各因素之间的相互作用关系，并为电商直播发展模式的创新提供理论支持。具体而言，本书旨在回答以下几个关键问题。首先，电商直播情境下共存临场感与冲动性购买意愿之间的关系如何？其次，共存临场感是否能够通过消费者的心流体验和信任来影响冲动性购买意愿？最后，打赏意愿和打赏感知在共存临场感与心流体验、信任之间的关系中起到了怎样的调节作用？它们又是如何调节心流体验和信任的中介作用的？

本书旨在研究直播情境下，共存临场感对消费者冲动购买意愿的影响机制，具体研究目标如下。

(1)本书旨在通过深入剖析直播情境下消费者的冲动购买意愿及其背后的影响因素，全面把握直播营销领域的研究核心与未来趋势。通过系统地回顾和梳理相关文献，本书明确了共存临场感、心流体验、信任、打赏意愿和感知的测量标准。结合本书的访谈结果，构建了科学严谨的测量问卷，并据此收集了大量实证数据。在此基础上，本书以共存临场感对消费者冲动购买意愿的影响为核心展开了深入的调查研究。通过数据分析，进一步归纳了直播营销的独特特征，深入探讨了直播营销的适用场景以及未来可能的发展方向。本书不仅为直播营销领域的理论研究提供了丰富而宝贵的实证支持，同时也为实践者提供了具有指导意义的策略建议。期待这些研究成果能够推动直播营销行业的健康发展，并为消费者带来更加优质、个性化的购物体验。

(2)直播情境下共存临场感对消费者冲动购买行为的影响及其机制是一个值得深入研究的课题。本书旨在通过案例研究与统计研究，探究共存临场感与消费者冲动购买意愿之间的直接和间接作用，并明确心流体验与信任在其中的中介作用以及打赏意愿和感知在此过程中的调节作用。通过深入分析这些因素，本书旨在为营销实践提供切实有效的建议，以便更好地理解和利用消费者冲动购买意愿的影响因素。

1.3 研究意义

1.3.1 理论意义

目前，电商直播行业尚处于发展初期，学术界对此领域的研究主要聚焦于营销策略以及“直播+”模式的探索。在冲动购买意愿的研究方面，学者多从传统实体店和网络购物的背景出发，深入探讨情境线索、营销刺激以及消费者个人特质等经典影响因素。然而，针对电商直播环境中的冲动购买意愿，目前的研究尚显不足，相关文献也相对稀缺。这一现状凸显出在该新兴领域，进一步研究和探讨消费者冲动购买行为的必要性和紧迫性。通过深入挖掘电商直播情境下的新影响因素和机制，本书可以为行业提供更精确、更有效的营销策略建议，以推动电商直播行业的健康、快速发展。

本书的主旨在于深入剖析共存临场感如何影响消费者的冲动购买意愿，聚焦共存临场感这一核心概念，引入心流体验作为中介变量，同时兼顾打赏感知和打赏意愿作为调节变量。本书试图深入探究共存临场感在冲动购买意愿中的内在机制。笔者期待，这一研究不仅能够充实冲动购买意愿的理论体系，为相关领域的研究提供新的视角，还能推动电商直播情境下共存临场感与冲动购买意愿之间实证研究的进展。共存临场感是电商直播的关键要素，它能够营造出一种消费者与主播、消费者与消费者之间仿佛身临其境的交互体验。然而，共存临场感究竟如何影响消费者的冲动购买意愿以及其中的作用机制又是如何，仍是待解的问题。因此，本书选择了心流体验作为中介变量，这是因为心流体验能够反映消费者在观看直播过程中的投入程度和沉浸感，进而可能影响其购买决策。同时，本书将打赏感知和打赏意愿作为调节变量，这些因素可能会在不同程度上影响共存临场感对冲动购买意愿的作用。

1.3.2 实践意义

电子商务，源于朴素的商品交换形式，历经演变，已化身为一个集社交互动、在线购物等多元化功能于一体的庞大流量交汇点。特别是近年来，“电商+直播”这一崭新营销模式的崭露头角，为电商领域注入了源源不断的创新活力。随着直播用户的基数不断扩大，电商直播市场的前景越发广阔，潜力无穷。本书旨在深入探讨如何策划与实施一套科学且高效的营销策略，以吸引并维系消费者的关注，精准引导其购买决策，从而充分挖掘与利用消费者潜在的冲动购买力，将其有效转化为实质性的销售收益。这不仅对电商企业具有现实意义，也对提升整体销售业绩具有重要意义。然而，值得注意的是，过度的线上冲动购买对消费者自身也可能带来风险。因此，深入理解冲动购买的作用机制变得尤为关键。当前，电商直播市场正处于快速发展的关键时期，研究共存临场感如何影响消费者的购买意愿，将有助于企业更好地把握市场机遇，优化直播购物体验，进而推动销售业绩的提升。此外，本书的研究成果还将为其他相关领域，如虚拟现实、增强现实等提供有益的参考和启示，以推动技术创新和产业发展，实现更广泛的社会和经济价值。

本书还探讨了直播销售活动中消费者的情感需求和心理变化过程，为企业、主播和平台提供了宝贵的参考。在直播销售中，共存临场感对消费者行为的影响至关重要，它直接关系到产品的利润和消费者的购买决策。因此，理解并掌握共存临场感的影响规律，对于提升产品利润具有显著意义。为了实现这一目标，企业需要不断改进营销策略，优化直播界面设计，营造出温馨、舒适的直播氛围。同时，提高互动质量，增强消费者的参与感和归属感，也是激发心流体验的关键。通过这些措施，企业和主播可以吸引消费者的注意力，建立信任关系，进而激发消费者的购买欲望，提升网络营销竞争力。本书不仅为企业和主播提供了具体的实践建议，还从理论层面深入分析了共存临场感对消费者行为的影响机制。这有助于企业和主播更好地理解消费者需求，制定更加精准的市场策略，从而在激烈的市场竞争中脱颖而出。

冲动购买尽管在短期内为消费者带来了购物的乐趣与快感，但从长远来看，多数消费者往往会因此感到后悔。对于消费者而言，理解这种消费行为背后所隐藏的心理机制的内在逻辑至关重要。通过深入了解冲动购买意愿的形成过程，消费者能够更加清晰地辨识自己的真实需求，有效抵御购物过程中的各种干扰，从而作出更为明智、理性的消费决策，提升整体的购物质量。本书还致力于深入剖析共存临场感如何影响消费者的购买决策过程。通过这一研究，本书期望能够进一步丰富和完善网络购物领域的理论体系，为这一领域的学术研究贡献新的力量。同时，本书也期望这一研究成果能够为电商直播平台提供具有针对性的营销策略建议，帮助平台更好地满足消费者的需求，提升消费者的购物体验，从而实现商业价值的最大化。这一研究不仅具有深厚的理论价值，同时也具有广泛的实践指导意义。

1.4 研究框架

基于既有文献的综述和当前研究的背景，本书的主要研究目标在于探索电商直播中的共存临场感如何影响消费者的冲动购买意愿。为实现这一目标，我们深入剖析了在这一过程中，心流体验和信任所起到的中介作用，并进一步考虑了打赏感知和打赏意愿的调节作用。因此，本书的研究内容可细分为以下几个部分。

绪论。问题本质的探索需要从现象入手，本部分在展开研究之前首先对研究背景进行阐述，而后通过厘清各章节的研究内容搭建出本书的研究框架。

文献回顾与理论基础。首先，说明本书的理论基础，本书采用SOR模型和ELM理论进行分析；然后，针对以往研究中的冲动购买、共存临场感、心流体验、信任、打赏感知和打赏意愿的定义与理论发展、影响因素进行分析、对其过往的相关研究文献进行梳理和综述，并按照某种逻辑进行一定程度的评述，从而为后文更好地进行下一步的研究提供理论上的支撑。

研究模型和假设。为了更好地构建模型并展示研究内容的逻辑，本章首先阐述了所涉及的相关理论。随后，识别和梳理各变量之间的关系，提出了研究模型，并明确定义了研究背景中各变量，对一些变量进行了维度划分。在完成上述步骤后，提出了研究假设。总体而言，本部分主要内容为进一步进行实证研究奠定了重要基础。

案例研究。本部分以访谈的形式进行研究，首先提出访谈的目的、访谈的形式，然后撰写了访谈的提纲，通过这些得出访谈研究的结果。

统计研究。在参考先前学者成熟量表的基础上，进行本书各变量的量表设计和调查问卷设计，为后续调研做好基础工作。本部分首先在正式调研前设置预测试环节来对问卷的合理性进行检验，并针对预测试与正式问卷中的样本特征进行描述；然后运用统计分析软件 SPSS 24 和 Mplus 8.3 对调查问卷的信度与效度进行检验；最后分析共存临场感与冲动性购买之间的相关关系，进一步验证心流体验和信任的中介作用，深入探究打赏意愿和打赏感知的调节作用，得出模型检验结果。

结论与展望。本部分对案例研究和统计研究结果进行了详细分析，并在此基础上，结合其他学者的科研成果，归纳得出本书的研究结论，根据结论得出研究启示，以此为相关参与主体提出建议。同时，在章节最后提出了本书存在的不足与需要改进之处。

1.5 研究方法

本书综合运用社会学、心理学、市场营销学等多学科领域的相关知识，以求找到研究立论依据，并结合电商直播的研究背景，明晰全书的整体脉络，分步开展各部分的研究。

一是文献研究法。本书在深入探究电商直播及其相关变量时，充分依托中国知网、万方数据库等权威学术资源，对共存临场感、心流体验、信任、打赏意愿、打赏感知以及冲动性购买意愿等核心概念进行了系统而细致的关键词检索。经过严格的筛选，本书挑选出与研究主题紧密相关的文献进行深入阅读，并运用归纳、总结与评述的方法，对各变量的定义及其相互关系进行了明确界定。这一过程不仅加深了对各变量内涵的理解，更为后续研究模型的构建与假设的提出奠定了坚实的理论基础。通过这样严谨的文献梳理与分析，本书得以在电商直播这一新兴领域中找到研究的切入点，并为后续的统计研究提供了有力的支撑。

二是问卷调查法。在管理学领域的研究中，问卷调查法一直被视为一种重要的调查手段。通过深入研读相关文献，本书发现，众多学者在研究类似问题时，亦倾向于采用问卷调查法。该方法之所以受到青睐，主要得益于其高度的可操作性和结果量化的便利性。在深入研究了前人的学术成果后，本书进一步扩展了研究的广度与深度。为了精确衡量所探讨的构念，本书参考了业界公认的成熟量表，并在此基础上，有针对性地设计了一份问卷量表。为了确保数据的真实性和可靠性，本书选择了直播购物的消费者作为调研对象，通过发放问卷的方式收集数据。在正式的数据收集之前，本书进行了一次小规模的试调研。这一步骤至关重要，它不仅帮助本书验证了问卷题项的合理性和有效性，还为本书提供了宝贵的反馈，使得本书能够对问卷进行必要的调整和优化。这一细致的前期工作为后续的数据收集与分析打下了坚实的基础。在严谨的方法和科学的调研下，最终收集到的问卷数据表现出了高度的信度和效度。这一高质量的数据集为后续的深入研究和分析提供了可靠的支撑，使本书能够更加准确、全面地探讨和解读直播电商领域的相关问题。

三是统计研究法。本书利用 SPSS 24 和 Mplus8.4 对搜集的问卷数据进行分析。其中包括问卷数据的样本描述性统计、问卷的信度和效度分析、共同方法偏差检验、结构方程模型分析和假设检验。

2. 文献回顾与理论基础

2.1 SOR 模型的文献综述

2.1.1 SOR模型

SOR模型，即刺激—机体—反应模型，是在传统的刺激—反应理论基础上进行深化和拓展的产物。这一模型特别引入了“机体”这一中间变量，旨在更全面地揭示人类行为背后的内在心理机制。在环境心理学领域，SOR模型占据了举足轻重的地位。SOR模型的起源可以追溯到 1975 年，当时Belk和Russell首次提出了这一理论模型。随后，多诺万（Donovan）和罗西特（Rossiter）于 1982 年将SOR模型应用于线下零售环境，深入探讨了消费者的购买行为。他们发现，当消费者受到线下零售环境的刺激时，会产生相应的接受或回避行为。如图 2–1 所示，该模型为后续研究提供了坚实的理论基础。

SOR模型的核心构造有三大元素：刺激、机体与反应。刺激被定义为那些能够激发和触动个体内在状态的外界影响〔埃尔奥卢（Eroglu，2001）〕。这些影响不仅来源于外部环境的多方面因素，而且深刻地塑造了个体的感知和情感状态。机体，作为SOR模型的中心环节，代表了个体内部的认知和情感过程。这一过程涉及感觉、知觉以及思维等多个方面，是个体对外界刺激进行解读和反应的关键桥梁〔班杜拉（Bandura，1986）；比特纳（Bitner，1992）〕。机体不仅接收并解析来自环境的刺激，还进一步转化这些刺激为内在的心理状态，从而影响个体的后续反应。反应则是指个体在接收到刺激后，经过机体的内在状态处理后所展现出的最终行为和态度〔埃尔奥卢（Eroglu，2001）〕。这是SOR模型的目的所在，即理解和预测个体在面对不同刺激时可能产生的行为模式和态度变化。

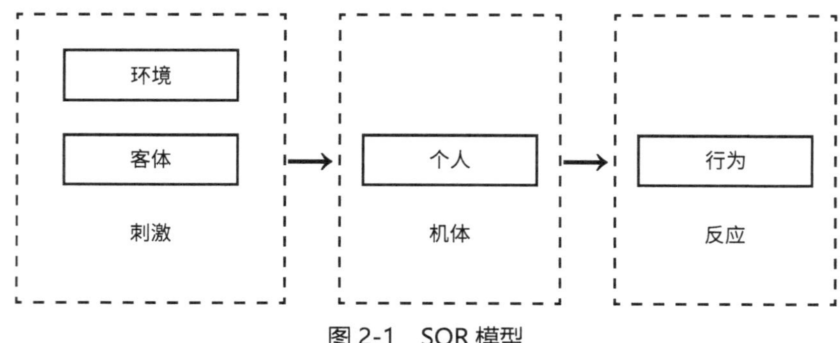

图 2-1 SOR 模型

SOR模型详细阐释了环境刺激如何影响用户的购买行为以及这些影响如何通过改变个体的内在心理活动，包括认知、情感乃至身体状态，进而综合作用于用户的购买决策过程。该模型不仅为理解传统线下营销环境中用户的购买行为提供了有力的理论支撑，同时，在日益发展的在线营销环境中，SOR模型同样展现出其广泛的适用性和实用性。通过深入剖析环境刺激、个体心理反应和购买行为之间的内在联系，SOR模型为商家提供了制定精准营销策略、优化用户体验和提升购买转化率的科学依据。

2.1.2 基于 SOR 模型的线上消费者购买行为研究现状

随着营销环境的日益复杂化，传统的线下零售环境对于用户购买行为的研究已经无法满足现代商业的需求。随着传统电子商务和社交化电子商务的迅速崛起，学者开始运用SOR模型来深入探索线上购物的用户购买行为。在线上购物中，SOR模型的应用显得尤为重要。因为线上购物的刺激因素更加复杂多样，包括网页设计、商品展示、用户评价等多个方面。这些因素都可能对消费者的购买行为产生影响。通过运用SOR模型，学者可以更加深入了解消费者线上购物的心理过程和购买决策机制，从而为企业制定更加精准的营销策略提供理论支持。

自埃尔奥卢（Eroglu）于 2001 年首次将SOR模型引入在线环境，用以探究线上商店环境对消费者购买意愿的影响以来，该模型在电子商务领域的研究中逐渐占据重要地位。埃尔奥卢（Eroglu）的创新点在于他将网店环境细分为高任务相关和低任务相关两类，并将此作为SOR模型中的刺激要素。同时，他还将消费者的性格特征和情感状态纳入考虑范围，作为机体部分，以及购物行为作为反应部分。这一研究揭示出网店环境的不同类型会深刻影响消费者的内在状态，进而影响其购买决策。值得一提的是，情感因素在这一过程中扮演了关键角色。弗洛（Floh）和马德伯格（Madlberger）在2013年进一步探讨了用户在线冲动购买行为，特别关注网店氛围线索作为环境刺激因素对消费者的影响。他们从内容、设计和导航三个维度深入分析了这些氛围线索如何通过购买享受、冲动和浏览等中介变量，最终影响消费者的冲动购买行为。通过构建并实证分析理论模型，他们证实了网店设计和导航维度的氛围线索对消费者在线冲动购买行为具有显著影响，从而验证了SOR模型在在线冲动购买行为研究中的适用性。郭海玲在2019年的研究中将短视频信息展示作为环境刺激，探讨了其如何影响消费者的虚拟触觉、愉悦感和信任感等内在心理状态，进而对购买意愿产生影响。她发现，信息展示的有用性和全面性能够有效提升消费者的虚拟触觉、愉悦感和信任感，而这些感知和情感状态又显著影响购买意愿。这一研究为电商平台的视频营销提供了有力支持。此外，陈超然在2018年针对移动拍卖领域的用户冲动购买行为进行了深入研究。他将网站建设质量和促销活动视为环境的刺激因素，并探讨了用户内在的冲动购买倾向、规范性评价和积极情绪如何影响冲动购买行为。这一研究不仅丰富了SOR模型的应用场景，也为移动拍卖平台提供了提升用户购物体验和冲动购买行为的策略建议。

在学术界，对于线上购物行为的研究一直受到广泛关注。特别是关于环境刺激对于消费者购物意愿的影响，已经成为研究的热点。2011年，阿里麦什（Animesh）在这一领域作出了卓越的贡献。他采用著名的SOR模型，深入剖析了虚拟世界中线上用户的购买意愿。阿里麦什的研究聚焦于环境刺激中的两大核心要素——技术因素和空间因素。他选择将互动性和社交性作为技术因素的代表，以及密度和稳定性作为空间因素的体现。通过这一选择，他成功地将这些要素融入SOR模型，为后续的实证研究奠定了坚实的基础。在机体部分，阿里麦什创新地将用户在线上的社会临场感、远程临场感和心流体验纳入考量。这些元素共同构成了用户在虚拟世界中的全面体验，从而更加真实地反映了用户的购物意愿。而在2022年，张伟继续沿用SOR模型，并将其应用于移动购物的新情境中。他通过严谨的研究，再次验证了SOR模型对于解释消费者冲动购买行为的强大适用性。这一成果不仅展示了SOR模型的时效性，也为其在更多领域的应用提供了有力的支撑。另外，值得一提的是，2014年姜参等人在社交化电子商务情境下，也基于SOR模型进行了深入的研究。他们发现，环境特征的刺激能够有效增强消费者的内在体验，进而提升其购买意愿。这一发现不仅丰富了SOR模型的应用场景，也为社交化电子商务的发展提供了宝贵的理论依据。

在学术界的探索中，除了既有的在线购物环境的研究路径，SOR模型亦被部分学者深度应用于新兴的直播购物场景中，以此揭示用户的购买决策过程。周永生教授在 2021 年展现了其独到的研究视角，他将SOR模型与TAM模型结合，创新性地构建了一个适用于电商直播环境的消费者购买意愿模型。在周教授的研究中，消费者对直播购物中的有用性和信任感的认知，被置于SOR模型的“机体”层面进行深入剖析。他的研究成果揭示，在直播的社会临场环境下，消费者所接收到的多元化线索以及自然流畅的语言沟通，显著影响了其对购物有用性的感知，从而正面提升了其购买意愿。同时，直播场景中营造的真实感和亲近感，对消费者的信任感产生了深远的影响，进一步强化了他们的购买决策。此外，龚潇潇等人在 2019 年的研究同样值得关注。他们另辟蹊径，将直播过程中的心流体验视为用户机体的内部心理状态，并基于SOR模型，建立了直播场景中氛围线索与冲动购买意愿的理论联系。这项研究的结果清晰表明，心流体验在氛围线索与冲动购买意愿之间起到了中介作用，为电商直播领域的用户行为研究提供了新的理论支撑。

2.2 ELM 理论综述

精细加工可能性模型（ELM）源自社会心理学领域的研究，其概念框架最初由美国学者佩蒂（Petty）于 1986 年提出。该模型旨在阐释个体在说服过程中态度转变的内在机制。根据ELM理论，个体在面对不同信息时，其处理方式存在显著差异。因此，在态度变化的过程中，存在两种主要的信息处理路径：中心路径和边缘路径。这两种路径反映了个体在信息加工过程中的不同侧重点和决策依据。

中心路径理论主张，个体态度的转变是深思熟虑和理性评估信息的结果。在这个过程中，个体专注于与任务直接相关的信息，要求接收者投入大量时间和精力来思考、理解和分析信息，并基于理性思考作出决策。相比之下，边缘路径理论则认为，个体态度的变化是基于直觉性线索的感知判断。当个体面临时间、精力或经验等资源限制，或缺乏仔细分析信息细节的能力和动机时，他们可能更倾向于依赖简单的直觉性线索进行感知判断。由于个体在这一过程中仅处理信息的一小部分，并且其最终对信息的反应主要基于其生活习惯和简单线索，因此通过这种方式形成的态度往往持续时间较短。中心路径理论强调理性思考和深入分析在态度转变中的重要性，而边缘路径理论则更加注重直觉性线索和简单处理在态度变化中的作用。这两种理论在解释个体态度转变时各有侧重，但都为我们理解人类决策过程提供了有价值的视角。

诸多学术研究者利用扩展精细加工可能性模型（ELM）对用户在线行为的影响因素及其行为路径进行了详尽的探讨。一方面，赖胜强等（2017）基于ELM理论，对用户在社交媒体上的信息转发行为进行了深入研究。其研究结果显示，信息质量主要通过中心路径对用户的转发意愿产生显著影响，而信息来源的可信度则主要通过边缘路径影响用户的转发意愿。另一方面，陈立梅等（2016）在ELM理论的框架下发现，信息质量和信息来源的可信度在提升用户需求的满足度方面起到了至关重要的作用。彭岚等（2016）则专注于研究电子口碑的质量和数量如何影响消费者的购买意愿，为相关领域的研究提供了新的视角。甘哲娜（2016）的研究基于ELM理论，指出中心路径（包括系统质量、服务质量和信息质量）和边缘路径（如信息可信度、参考群体和广告吸引力）均会对用户使用在线旅行网站的意愿产生影响。这一研究为用户行为的研究提供了新的理论支持。此外，黄静等（2016）借助ELM理论，深入研究了不同类型的在线促销限制如何影响消费者的购买决策行为。该研究不仅丰富了消费者行为的研究内容，也为在线营销实践提供了有益的指导。

在学术研究领域，众多学者倾向于采纳ELM双路径理论作为研究框架，用以深入剖析不同环境下用户的心理意图。这些学者根据自身的研究背景和专长，对中心路径与边缘路径进行了精细化的定义和解读。本书亦遵循这一理论框架，并选择电商直播间的关键信息作为研究的核心变量，对中心路径与边缘路径的界限进行了进一步的厘定。在电商直播购物的情境下，为了触发消费者的共存临场感，直播间为观众创造了一种沉浸式的购物体验。在这种情境下，消费者容易体验到强烈的流体感，并对直播购物产生信任感，进而催生出冲动购买的欲望。这种深度的沉浸和信任建立过程需要消费者投入大量的认知资源，这正体现了中心路径信息处理的特点。然而，必须指出，消费者的情感态度转变往往并不依赖过多的认知投入。这类变化往往在短时间内快速发生，是基于即时的情感反应，这与边缘路径信息处理的特点相吻合。本书采用ELM理论，旨在深入探索在直播情境下，不同类型的信息线索如何影响用户的心理态度和购物行为意图。这一研究路径与ELM理论的核心思想高度契合，即通过详细剖析信息处理的双路径机制，以揭示用户行为背后的心理过程和内在动机。这一工作对于理解直播购物情境下的消费者行为，以及指导电商平台的运营策略具有深远的意义。

2.3 冲动购买的相关理论综述

2.3.1 冲动购买的定义和发展理论

冲动购买意愿是一个在学术界广泛讨论但尚未形成统一观点的概念。不同的学者根据自己的研究背景和目标，对此有不同的解读。克洛弗（Clover，1950）和帕克（Park，1989）提出，冲动购买意愿是消费者未计划购买的欲望，即实际购买与预期购买之间的差异。这种差异反映了消费者的购买行为与其购买计划之间的偏差。然而，斯特恩（Stern，1962）对于冲动购买意愿的定义提出了更为全面的观点。他认为，冲动购买意愿不仅仅源于计划外，还受到特定环境刺激的影响。这种环境刺激可能包括商品的陈列、促销活动、他人推荐等。这一观点为后来的研究提供了更广阔的视角。温伯格（Weinberg，1995）从消费者的情感、认知和反应角度出发，进一步丰富了冲动购买意愿的定义。他认为，冲动购买意愿是消费者未经深思熟虑的购买行为倾向，这种倾向可能源于消费者的即时情感反应或认知判断。鲁克（Rook，1987）则从消费者心理和行为角度出发，强调冲动购买涉及五个关键因素：突然的购买欲望、心理开始失衡、产生心理挣扎、认知评估能力降低、不再追求效用极大且不考虑购买后果。强烈的、突发的购买欲望，是一种心理上的冲动。这种冲动可能受到消费者内在心理因素和外在环境因素的共同影响。陈旭（2010）针对网上购物情境，将冲动购买意愿定义为消费者在浏览商品时突发、强烈的渴望购买心理状态。这种心理状态可能受到网络购物的特殊环境影响，如商品的丰富性、购买的便利性等。冯俊（2020）在直播营销背景下，将冲动购买意愿解释为消费者在观看直播时产生的强烈、积极的购买欲望。直播营销中的主播互动、实时反馈等因素可能刺激消费者的购买欲望，从而强化冲动购买意愿。吴锦峰（2012）将冲动购买意愿定义为突然产生的强烈、持续的购买欲望。这种持续的购买欲望可能促使消费者做出购买决策，从而实现冲动购买行为。张伟（2020）在移动购物背景下，描述冲动购买意愿为在没有明确购买计划的情况下受到环境因素影响的购买倾向。移动购物的特点如便捷性、个性化推荐等，可能增加消费者的冲动购买意愿。

冲动购买行为的研究历史可以追溯到20世纪50年代，杜邦消费者购买研究所率先对该现象进行了深入的学术探索。他们将冲动购买界定为实际购买与计划购买之间的差异，这一界定为后续研究奠定了坚实的基础。随着研究的逐步深入，学者开始从不同维度对冲动购买进行定义。在早期阶段，研究者普遍认为冲动购买等同于非计划购买。换言之，如果消费者在购买商品或服务前没有明确的购买计划，那么这种购买行为即被视为冲动购买。例如，卡托纳（Katona）和穆勒（Muller，1955）的实验方法要求消费者在进店前列出计划购买的商品清单，并在离店后对比实际购买情况。那些未列入计划清单的商品均被视为冲动购买的产物。科克斯（Cox，1964）在研究消费者行为时，也沿用了这种将冲动购买等同于非计划性购买的定义方式。然而，随着研究的不断深入，学者对冲动购买的定义产生了分歧。这些分歧不仅反映了学者对冲动购买本质的不同理解，也体现了消费者行为研究的日益复杂化和精细化。尽管存在分歧，但早期将冲动购买等同于非计划购买的观点仍具有重要的历史意义，它不仅为后来的研究提供了宝贵的参考，也为揭示冲动购买行为的内在机制提供了启示。尽管当前对冲动购买的定义仍存在争议，但这些争议正推动着消费者行为研究不断向前发展。随着研究的进一步深入，我们有理由相信，对冲动购买行为的理解将会更加深刻和全面。这将对市场营销策略的制定以及消费者权益的保护产生积极的影响。

随着学术研究的不断演进，学者对冲动购买的定义与性质提出了诸多疑问。特别是那种将冲动购买简单等同于非计划购买的观点，已经受到了广泛的挑战和反思。在这方面，内斯比特（Nesbitt，1959）率先对此进行了批判性的分析，他主张冲动购买实际上是一种理性的购物行为。根据他的观点，消费者在进入商店后，会主动去了解并评估可购买的商品，从而形成一个购物清单。这种主动的行为模式不仅提高了购物的效率，还能帮助消费者最大化其购买力。卡拉特（Kallat）和威利特（Willett，1967）在研究消费者购物过程时，也发现了类似的现象。他们认为，虽然冲动购买具有突发性和无计划性，但它仍然可以被视为一种高效的购物方式。与此同时，申森（Shenson，1973）从决策时间的角度对冲动购买进行了定义，他认为冲动购买是在短时间内作出的购买决策。斯特恩（Stern，1962）进一步指出，尽管冲动购买通常被归类为非计划购买，但它并非毫无目的。相反，它是在受到购物环境刺激时产生的购买意愿。他进一步详细区分了冲动购买的四种类型：有计划的冲动购买、纯粹冲动购买、提醒型冲动购买和启发型冲动购买。这一分类得到了学术界的广泛认可，也为后续的刺激理论提供了重要的基础。这一理论以心理学中的“刺激—反应”模型为基础，强调了刺激在行为形成中的关键作用。其他研究者如伯格曼（Bergman）和吉尔森（Gilson，1986）、希瓦（Shiva，1999）、陈铭慧（2002）也发现，营销刺激如销售人员的语言、购物环境氛围、商品展示等对消费者的影响呈现倒U形关系，这意味着过度的刺激可能会让消费者产生反感，从而降低购买意愿。贝隆（Peron，1991）基于刺激理论对冲动购买进行了新的诠释。他认为冲动购买必须满足三个要素，即事前无计划、在刺激条件下产生、快速作出购买决策。这一观点进一步强调了刺激在冲动购买过程中的重要性。而霍尔布鲁克（Holbrook）和巴克（Bart，1987）则通过PAD情感量表研究了愉悦、唤起、支配等情感因素在冲动购买过程中的作用，为冲动购买的研究提供了更加丰富的维度和视角。

多诺万（Donovan）和罗西特（Rossiter，1982）在他们的研究中指出，当消费者处于一个不舒适的环境中时，通过降低唤起水平可以有效地提高消费者的积极反应。这一观点为本书提供了一个优化消费环境的思路，即在确保环境舒适度的同时，适当控制环境刺激的程度，以激发消费者的购买欲望。然而，卢茨（Lutz）和卡卡（Kaka，1975）的研究结果却显示，愉悦、唤起、控制与购买之间并没有稳定的相关关系。这一发现提醒本书，在购买行为的研究中，需要综合考虑多种因素，包括消费者的个人特征、购物环境、产品特性等。

在深入研究冲动购买行为的过程中，我国学者在借鉴国外学者研究的基础上，提出了自己的见解和定义。尽管这些研究在一定程度上受到国外学者的影响，但他们仍为中国市场环境下的冲动购买行为提供了独特的视角。一方面，李秀荣和梁承磊（2009）在综合国外学者研究成果的基础上，将冲动性购买定义为一种在没有事先计划的情况下，受到特定环境刺激而突然发生的购买行为，这种行为通常不考虑后果。他们强调了环境刺激在冲动购买行为中的重要性。另一方面，陈旭和周梅华（2010）则专注于网络环境下的冲动性购买行为。他们认为，在浏览电商广告页面后，消费者会对相关刺激产生强烈的心理反应，从而在未经过多考虑后果的情况下迅速产生购买意愿。这种行为旨在获得最大的购物满足感。

在深入研究冲动购买的相关文献后，我们可以清晰地观察到其定义经历了一个由简单到复杂的演变过程。最初，冲动购买被简单地理解为一种非计划性的购买行为，这仅仅是一种从表面现象的直观解读。然而，随着学术研究的不断深入，学者们开始逐渐重视外部环境刺激以及内在情感因素在冲动购买行为中的关键作用。外部环境刺激可能来源于商品的陈列、价格优惠、广告促销等手段，它们会在很大程度上诱发消费者的购物需求。而内在情感因素则更多地关联于消费者的心理状态，如喜悦、激动、冲动等情感波动。这些内在情感因素与外部环境刺激共同作用，促成了冲动购买行为。 因此，在综合借鉴前人研究成果的基础上，本书提出将冲动购买重新定义为在外部环境刺激的影响下，消费者内在的购物需求和情感激动被激发，从而在短时间内产生的非计划性购买行为。这一新的定义更全面地反映了冲动购买的复杂性和多元性。

2.3.2 冲动购买的影响因素

冲动购买行为是受到多元因素综合影响的一种消费行为。这些因素包括消费者个人特质、市场营销策略、具体购物情境、产品自身属性以及购物环境本身。随着网络购物的日益普及，学术界的研究重点已经从传统的实体购物环境逐渐转向网络购物环境。在这一转变过程中，学者们开始深入探讨网络购物环境下冲动购买行为的其他影响因素。目前，关于网络购物环境下消费者冲动购买行为的研究数量正在不断增加，这些研究通常从网站因素、情境因素以及消费者个性因素等三个主要维度进行剖析。

（1）网站因素

在电子商务的繁荣时代，网络购物以其独特的便利性，打破了传统购物模式在时间与空间上的束缚，使得消费者可以在任何时间、任何地点自由地进行交易活动。然而，网络购物的虚拟性也带来了一定的挑战。消费者往往只能依赖商品图片、文字描述和介绍视频等有限的信息来了解商品详情。在这样的背景下，第三方评论和网络口碑成为消费者作出购买决策的重要依据。这些评论和口碑不仅提供了更多维度的商品信息，还能够帮助消费者建立对商品的信任感，从而做出更加明智的购物选择。

贝巴萨特（Benbasat）于2007年提出，尽管网络购物在为消费者提供便利方面独具优势，但也存在着不容忽视的内在短板。幸运的是，商家有机会借助创新型的商品展示方法以对这些固有不足进行一定程度的补偿。具体而言，商家可以运用丰富的图文展示，或者借助虚拟现实（VR）技术，甚至三维（3D）技术，为消费者营造一种身临其境的购物环境。这种视觉上的震撼不仅极大地提升了消费者的购物体验，而且能够激发他们的冲动购买欲望。韦尔哈根（Verhagen）和多伦（Dolen）在2011年的研究中，对网站信任如何影响消费者的冲动购买意愿进行了详尽的探讨。他们发现，网站信任对消费者的情绪和网络浏览时间具有显著影响，从而进一步影响消费者的冲动购买意愿。此外，他们还详细解析了网站信任的四个关键维度：产品吸引力、呈现风格、感知有用性和可用性。常亚平在2012年的研究中进一步指出，第三方评论在影响消费者的冲动购买行为中起到了显著作用。评论的质量和数量可以通过影响消费者的情绪状态，进而间接地影响他们的冲动购买意愿。这表明，消费者在作出购买决策时，越来越依赖其他消费者的反馈和评价。近年来，随着网络口碑对消费者的影响力日益增强，研究者也开始更深入地探讨网络口碑如何影响消费者的冲动购买行为。张敏等学者在2015年的研究中，对网络口碑的数量和类型（主观评价型和偏客观评价型）进行了深入探索。他们发现，当网络口碑数量增多，且口碑类型更倾向于主观评价时，消费者的冲动购买行为将更为明显。这一发现为商家在网络营销中如何管理和利用口碑提供了重要的启示，即通过积累和管理网络口碑，可以有效地激发消费者的冲动购买欲望。

（2）情境因素

在消费行为的研究中，情境因素的重要性不容忽视。这些因素不仅深入触动消费者的内在情感，而且显著改善了他们的购物体验，对最终的购买决策产生了深远的影响。情境因素的涵盖面广泛，包含了产品价格、折扣信息、可支配时间、直播环境氛围等多个方面，同时还涉及消费者与商家之间的交互。产品价格作为最直接的情境因素之一，其高低直接影响了消费者的购买意愿。价格适中的产品往往能够吸引更多的消费者，激发其购买欲望。此外，折扣信息作为一种重要的营销策略，也能够在一定程度上引导消费者的购买行为。当消费者得知某个产品有折扣时，他们可能会因此产生购买冲动，进而作出购买决策。除了价格和折扣信息外，可支配时间也是影响消费行为的重要因素。当消费者拥有充足的时间时，他们可能会更愿意进行购物，享受购物过程带来的乐趣。相反，如果时间紧迫，消费者可能会选择更快捷的购物方式，如线上购物等。此外，直播环境氛围也是影响消费者行为的重要因素。一个舒适、有趣的直播环境可以吸引更多的观众，提高观众的参与度和黏性。同时，商家和消费者之间的互动也是影响消费者行为的关键因素。通过互动，商家可以了解消费者的需求和喜好，进而调整自己的产品和服务，以便更好地满足消费者的需求。

产品价格及折扣信息，无论是在传统的实体店面，还是在日益普及的在线购物平台，都占据着举足轻重的地位。皮龙（Piron，1991）的研究明确指出，价格是引发消费者冲动购买行为的关键因素之一。当产品价格降低时，消费者的支付压力减轻，这种心理感知的变化常常能刺激他们的购买欲望。王求真等人（2014）的实证研究进一步支持了这一观点，特别是在电商直播的环境中，商品折扣对消费者的冲动购买行为具有显著的正向影响。商家可以通过精心策划的价格策略，如折扣、满减等促销活动，以及营造独特的直播氛围，如精致的直播室布景等，以此有效激发消费者的购买冲动。产品价格与折扣信息不仅能够吸引消费者的注意力，而限时折扣更能进一步增强消费者购买商品的紧迫感，对冲动购买行为产生更为显著的影响。王成慧（2018）对女性群体在电商网购节期间的冲动购买行为进行了深入研究。研究结果表明，商品价格、折扣以及促销时间限制均是影响消费者冲动购买的重要因素。限时折扣策略通过营造“机不可失，时不再来”的紧迫感，成功激发了消费者的冲动购买意愿。在电商环境中，限时折扣策略的运用尤为重要。商家通过设定短暂的促销时间，促使消费者感受到购买的紧迫性，进而促使他们迅速作出购买决策。这种策略不仅提高了销售效率，还有助于商家在激烈的市场竞争中脱颖而出。然而，商家在运用限时折扣策略时也应保持谨慎。他们需要确保折扣信息的透明度和真实性，避免因误解或欺诈行为而损害消费者的信任。同时，商家还应关注消费者的需求和偏好，制定符合市场需求的限时折扣策略，以实现长期的商业成功。

黄逸珺和张依纯（2019）的研究揭示了电子商务如何促进了在线冲动购买的普及，并为其赋予了新的特征。他们的研究指出，时间限制、促销活动和互动性等因素均对消费者的冲动购买意愿产生了积极影响。此外，他们的实证研究进一步发现，消费者的愉悦感在这种情境下起到了外部刺激与冲动购买之间的中介作用。辛敏（2021）则从心流体验的角度出发，进一步证实了愉悦感在冲动购买过程中的中介作用。她指出，内容的互动性和生动性能够引发消费者的愉悦感受，进而促进冲动购买的发生。冯俊等人（2020）则关注了电商直播中的互动程度对消费者冲动购买行为的影响。他们认为，在电商直播环境中，消费者可以与主播进行“面对面”的交流，并与其他消费者进行实时互动。这种多重互动的情境不仅增强了消费者的社会临场感，还激发了他们的冲动购买意愿，使得冲动购买行为更易于发生。

（3）消费者个性因素

消费者的本身因素（性别、年龄、价值观等）和人格特质等是影响冲动购买的重要因素。性别和年龄是影响消费者冲动购买行为的重要因素。根据比蒂（Beatty，1998）的研究，女性相较于男性更容易产生冲动购买行为，且其冲动购买的频率更高。此外，冲动购买行为还与年龄呈现U形关系，年轻消费者相较于年长消费者更容易受到冲动购买的影响。同时，购物享乐已成为消费者的一种价值观，对冲动购买行为产生着影响。霍克（Hock，1991）的研究指出，持有即时享乐价值观的人更容易陷入冲动购买，特别是在追求享乐或受到正面评价时，冲动购买的可能性更高。人格特征与冲动购买行为之间也存在显著关联。经过深入研究，汤普森（Thompson，2015）提出，个体的冲动购买行为与其内在的人格特质之间存在着显著的正向关联。冲动性较强的个体在外部环境的刺激下，更易产生情绪波动，表现出对商品的强烈占有欲。与此同时，维普兰肯（Verplanken）和赫拉巴迪（Herabadi，2001）进一步指出，冲动购买行为的发生与个体的个性差异紧密相连，特别是与认知和情感层面的特质。外向型个体更有可能表现出冲动购买行为。此外，卡森（Kacen）等人的研究则从文化角度入手，详细分析了地区层面的文化因素，如个人主义和集体主义，以及个人层面的文化因素，如独立自我和相互依存自我等，对冲动购买行为产生的系统性影响。这些研究共同深化了我们对冲动购买行为及其背后影响机制的理解。

经过广泛的研究探索，我们不难发现，自我控制力在冲动性消费中扮演着至关重要的角色。事实上，消费者的自我控制能力与冲动购买行为之间存在着明显的负相关关系。这意味着，当消费者的自我控制能力较弱时，他们更容易受到冲动购买的影响。为了更有效地解决这一问题，丁健睿等人在 2019 年提出了一个新的视角，即通过提升消费者的自我控制动机来减少冲动购买行为。他们提出了一种可能的方法，即无意识目标启动，这或许是一种简单而有效的策略。这一观点为我们提供了新的视角和思考方向，让我们能够更加深入地探讨自我控制在冲动购买中的作用。而张瑞等人在 2019 年的研究也进一步强调了自我控制在消费者购买商品时的重要性。他们的实证研究揭示了在消费者的购买决策过程中，自我控制能够在理性认知和感性认知之间起到关键的平衡作用。当消费者的感性认知超过理性认知时，他们更容易受到冲动购买的影响。因此，我们可以得出结论，自我控制在冲动购买行为中起到了重要的作用。未来的研究应该继续关注自我控制在冲动购买行为中的具体作用机制，以及如何通过提升消费者的自我控制动机来减少冲动购买行为。这将有助于我们更好地理解消费者的购买行为，并为消费者提供更有效的购物建议。

2.3.3 网络冲动购买的相关研究

在传统实体店购物的研究领域中，店内环境的布局、产品设计的细节等因素被广泛认为是激发消费者冲动购买欲望的关键因素。商家通过精心策划这些环境因素，能够有效引导并加强消费者的冲动购买行为。这一观点最早在 1962 年由斯特恩（Stern）提出，他的开创性研究揭示了购物环境刺激与消费者冲动购买行为之间的紧密联系。他的研究还进一步指出，经济水平、个人特征、时间、地域、文化等多种因素都会深刻影响消费者的冲动购买行为。斯特恩（Stern）更将冲动购买行为细分为纯粹式、启发式、建议式和计划性四种类型。1987 年，鲁克（Rook）的研究进一步强调了产品包装的视觉吸引力和促销活动在激发消费者冲动购买意愿方面的重要性。然而，随着互联网技术的迅猛发展和线上购物的快速崛起，消费者的购物环境和方式发生了翻天覆地的变化。线上购物环境中的刺激因素、消费者个人特质以及营销策略的限制性因素都共同作用于消费者的在线冲动购买意愿。值得一提的是，消费者在网上浏览商品时，由于信息的丰富性和交易的便捷性，更容易受到冲动购买的影响。本书特别关注直播购物这一新兴的网购形式。与传统网购相比，直播购物为消费者提供了更丰富、更立体、更全面和更具互动性的信息刺激。在直播购物的环境中，消费者不仅可以通过观看直播了解产品的详细信息，还可以与主播进行实时互动，这种互动性的提升进一步增强了消费者的冲动购买意愿。然而，对于商家来说，如何在直播购物这一新兴形式中，有效利用环境因素和消费者个人特质，以策略性的方式增强消费者的冲动购买行为，仍是一个值得深入探讨的问题。未来的研究可以进一步探讨直播购物的特点及其对消费者冲动购买行为的影响，从而为商家提供更具针对性的营销策略建议。

在学术研究领域，问卷调查作为一种常用的数据收集与实证研究手段，已被广泛采纳和应用。赵宏霞与姜参（2014）在针对B2C网络购物环境的研究中，详细探讨了商品展示、互动性、虚拟触觉、心流体验和社会临场等因素对消费者冲动购买行为的影响。他们的研究结果显示，这些因素均对冲动购买行为产生了积极的推动作用。龚潇潇（2019）对直播中的消费者冲动购买意愿进行了深入研究，其研究结果显示，直播场景氛围线索和消费者的心流体验在提升冲动购买意愿方面起到了显著作用。这一研究为理解直播营销中的消费者行为提供了新的视角。此外，李志飞（2007）从消费者异地购买的角度出发，探讨了异地文化差异、重购成本和购买压力等因素对冲动购买意愿的影响。他的研究发现，这些因素会促进冲动购买意愿的形成，而冲动购买意愿本身也会对冲动购买行为产生显著影响。常亚平（2012）则从消费者对手机冲动购买意愿的角度出发，引入了感知创新这一概念。他通过实验数据分析发现，产品的外观和功能创新能够积极影响消费者的冲动购买意愿。同时，他还指出，感知产品创新还能提高消费者的愉悦感和快乐情绪，从而有效提高冲动购买意愿。

近年来，随着直播购物的兴起，消费者冲动购买行为成为研究热点。多位学者对此进行了深入研究，揭示了影响消费者冲动购买意愿的多种因素。冯俊（2020）在其研究中指出，直播营销中，消费者高水平的共存社会临场感能够显著增强其冲动购买意愿。同时，信任和心流体验也在冲动购买意愿的形成过程中起到了积极的促进作用。这一发现为本书理解直播营销中的消费者行为提供了重要启示。刘洋（2020）的研究则从另一个角度探讨了网络直播中消费者冲动购买行为的影响因素。他发现消费者的愉悦、唤醒和信任都能显著影响其冲动性购买行为。这一发现为本书揭示了网络直播中消费者冲动购买行为的形成机制。章璇与景奉杰（2012）采取实验方法，对消费者在线冲动购买行为进行了实证分析，研究重点放在了享乐性视角。他们得出结论，对于享乐性线上虚拟产品，消费者的购买意愿和冲动购买比例远高于实用性线上虚拟产品。这一发现丰富了我们对消费者在线冲动购买行为的理解。王求真（2017）则利用眼动实验，在SOR模型框架下探讨了价格折扣和购买人数刺激对消费者情绪和感知风险的影响，以及这些因素如何影响冲动购买意愿。研究发现，网络团购中的人数和价格折扣均能增强消费者的情绪唤醒感，而愉悦感则能够加强冲动购买意愿。这一研究为我们揭示了网络团购背景下消费者冲动购买行为的形成机制。吴锦峰（2012）从商品形象、订单履行形象和促销形象三个维度出发，分析了这些因素如何影响消费者的情感唤醒和冲动购买意愿。他的研究指出，网店形象能够积极影响消费者的快乐情感，并进一步显著影响其在线冲动购买意愿。这一研究强调了网店形象在消费者冲动购买行为中的重要作用。张伟（2020）在移动端购物背景下进行了研究，发现网站的系统易用性、视觉吸引力和个性化推荐能够正向影响消费者的感知愉悦和唤醒感，进而显著影响冲动购买意愿的形成。这一研究为我们揭示了移动端购物环境中消费者冲动购买行为的形成机制。

2.4 共存临场感的理论综述

2.4.1 共存临场感的定义和发展理论

在直播营销中，社会临场感是一个核心概念，它涵盖了共存临场、交流临场和情感临场这三个维度。这些维度共同构成了直播营销中消费者与虚拟环境以及其他参与者之间的高度互动和真实感知。共存临场感是一个跨学科的术语，涉及人机交互、心理学和通信等多个领域。它指的是在虚拟环境中，消费者能够与其他参与者或虚拟实体建立起即时、动态和真实的互动感知。随着科技的日新月异，共存临场感在远程协作、在线教育、虚拟现实（VR）和增强现实（AR）等领域的应用日益广泛。在直播营销中，共存临场感通过多感官刺激来增强消费者的沉浸感和参与感。除了视觉信息外，声音、触觉反馈等多种感知方式也被用来为消费者提供更加丰富的体验。这种多维度的感知交互使得消费者能够更深入地参与到直播营销中，与虚拟环境和其他消费者建立起更加紧密的联系。交流临场感强调的是消费者与其他消费者之间的社交互动。通过实时语音通信、面部表情识别、手势识别等技术，直播营销能够模拟真实世界中的社交场景，使消费者之间的情感联系更加紧密。这种交流临场感不仅提高了消费者的参与度，还有助于建立品牌信任和消费者忠诚度。情感临场感则关注消费者与虚拟环境之间的一致性认知。它要求虚拟环境能够准确地反映消费者的意图和期望，同时消费者也能够准确地理解和感知虚拟环境中的信息。在直播营销中，情感临场感通过情感化的设计和交互方式来实现，使得消费者能够在虚拟环境中感受到真实的情感共鸣和情感体验。

关于社会临场感这一概念的深度探索，最早可以追溯到1976年帕克（Parker）和肖特（Short）的开创性研究。他们从技术维度入手，为社会临场感赋予了初步的定义，认为它是传播媒体所固有的一种属性。这种属性在个体使用传播媒体进行沟通时，体现了感知他人显著性和建立联系的程度。然而，这种定义方式仅关注媒介自身的特性，而忽视了作为媒介使用者的“真实的人”的主观感知。 随着研究的深入，肖特（Short，1976）及其后续的研究者逐渐将互动、沟通等社会因素纳入社会临场感的研究范畴，从而丰富和发展了这一概念。自20世纪70年代至今，随着计算机技术的发展，社会临场感的研究领域和对象也经历了显著的拓展和深化。在众多领域，学者为社会临场感提供了多样化的定义。这些定义或许因研究领域的差异而有所不同，但它们都围绕着亲密感、共存感和真实感等核心概念展开。这些核心概念体现了社会临场感作为一种跨学科概念，其内涵具有丰富性和复杂性。社会临场感的应用领域广泛，涵盖了心理学、社会学、传播学等多个学科以及教育、企业管理、人机交互等多个实践领域。在不同的研究背景下，人们对社会临场感维度的理解也呈现多样性和变化性。这种多样性和变化性，不仅反映了社会临场感作为一个跨学科概念的独特魅力，也为我们进一步深入研究和应用这一概念提供了广阔的空间。

2.4.2 共存临场感相关研究

社会临场感被认为是激发消费者产生积极情绪反应的重要因素（哈桑因 Hassanein，2007），对消费者的认知、态度和行为都具有一定程度的影响。通过对国内外学者相关文献的综述，发现社会临场感的研究主要集中在以下几个方面。

（1）社会临场感前因变量研究

社会临场感，作为一个核心概念，在通信媒介的研究领域中受到了广泛关注。有学者指出，社会临场感主要受到沟通双方之间的身体距离、眼神接触以及微笑等社交线索的影响。他们认为，技术作为媒介的核心组成部分，对于社会临场感的形成具有至关重要的作用。因此，具有社会临场感的通信工具能够更好地促进人与人的沟通与协作。为了验证这一观点，凯瑟琳（Kathryn）对不同通信媒介对社会临场感的影响进行了深入研究。她发现，不同的通信工具在引发社会临场感方面确实存在差异。然而，随着研究的深入，许多学者开始对这一观点提出疑问。他们通过探讨与社会临场感紧密相关的“亲密”和“即时”两个概念，进一步研究了影响社会临场感的前因变量。 这些研究不仅丰富了对社会临场感的理解，也为未来的研究提供了新的视角和方向。总的来说，社会临场感在通信媒介研究中占据着重要的地位，其形成和发展受到多种因素的影响。未来的研究应继续深入探讨这些因素，以便更全面地理解社会临场感在人际沟通和协作中的作用。

近年来，对于网络环境中的社会线索与社会临场感之间的关联，众多学者进行了深入的探讨。里格尔斯伯格（Riegelsberger，2001）与萨塞（Sasse，2003）的实验研究均显示，通过在网络环境中融入社会线索，例如照片、视频、文本或语音等，都可以有效地提升网站的社会临场感，进而使虚拟互动更接近面对面交流的真实感受。这一发现为理解网络社交的深层次机制提供了新的视角。同时，施泰因布鲁克（Steinbr ü ck，2002）和艾瑟尔斯泰因（Ijsselsteijn，2000）的研究进一步支持了上述观点。他们的实验结果表明，增加网站中照片的数量能够增强用户对社会临场感的感知，从而促进在线信任的构建。他们认为，社会临场感与社会线索的丰富程度之间存在紧密的联系。这一观点为优化网站设计、提升用户体验提供了宝贵的指导。 在探究用户社会临场感与忠诚度之间的关系方面。西尔（Cyr，2007）的研究表明，网站的评价、沟通等功能在提高消费者对社会临场感的感知水平方面发挥着积极的作用。这一发现对于提升网站消费者黏性和忠诚度具有重要的实践意义。此外，范小军（2020）在研究移动直播视频时，指出了互动响应性、去中心性、同步性和互动频率等因素对消费者观看体验的影响，包括心流体验和社会临场感。这一研究为我们理解移动直播视频的消费者体验提供了新的视角和思路。

（2）共存临场感结果变量研究

关于社会临场感及其影响的研究，已逐渐成为学术界的热点话题。传统通信、远程教育和网络营销这三大领域，尤其受到研究者的关注。在通信领域，社会临场感对感知有用性、感知易用性以及沟通绩效的影响不可忽视。卡拉汉娜（Karahanna，1999）的研究结果显示，当通信工具的社会临场感与特定任务的沟通需求相互匹配时，可以显著促进工作绩效的提升。而冯纳（Fonner，2012）也发现，在社会临场感的环境中，消费者对于电子邮箱的感知有用性和感知易用性均会得到显著提升。进一步的研究还显示，在相同任务下，不同媒介（如文字、电话、邮件、视频等）所表现的社会临场感对沟通绩效产生的影响是各异的。例如，在某些情境下，面对面的交流方式（如视频通信）可能展现出更强烈的社会临场感，从而更有效地传递信息和增强沟通效果。在远程教育领域，社会临场感在虚拟学习社区中发挥着至关重要的作用。它不仅能够增强学生的陪伴感，还有助于减轻他们的孤独感。虚拟环境中的社会临场感可以通过在线讨论、实时反馈和同伴互动等方式得以实现，进而促进学生的学习动机、参与度及学术成果。

在学术界，社会临场感和互动性是两个常被提及但易被混淆的概念。本书旨在明确区分这两个概念，并深入探究它们之间的相互关系。通过系统的研究，本书得出结论：互动性与社会临场感虽然相互影响，但它们各自独立存在，具有不同的内涵和作用机制。在社会心理学和教育学领域，共存临场感的概念尤为重要。它指的是在虚拟环境中，个体与他人建立联系、感知他人存在和情感的能力。在虚拟学习社区的背景下，共存临场感显得尤为重要。它有助于学生在网络空间中建立真实、深入的联系，进而促进信息的有效传递和互动。

在网络营销的众多研究领域中，尽管社会临场感的研究步伐稍慢，但其探讨的内容和领域却极其广泛，囊括了从信任、忠诚、认同等积极情感态度到具体的个体行为等各个维度。大量学者已经对这一主题进行了深入的挖掘。例如，西尔（Cyr）和哈桑因（Hassanein，2007）在他们的研究中指出，线上购物过程中缺乏面对面的交流可能会削弱消费者的社交体验。然而，当电子服务网站能够提供丰富的社会线索，如详尽的产品信息、生动的照片、品牌间的比较以及专家的评级时，会显著地提升消费者的社会临场感，进而激发消费者的积极情绪并提高其对网站的忠诚度。姜参等（2014）的研究进一步强调，购物网站上的互动元素能够有效模拟真实世界的社交环境，补偿在线购物过程中缺乏的人际互动刺激，从而提高消费者的社会临场感，并降低其对网络购物风险的感知。喻昕等（2017）则认为，网站上产品和商家信息的呈现方式会直接影响消费者的社会临场感感知，进一步影响他们的愉悦感和信任感，并最终对购买决策和推荐意愿产生积极的影响。近年来的学术研究发现，社会临场感对于用户参与在线社交商务的意愿具有显著的正面影响。王平（2020）在他的研究中指出，在虚拟品牌社区中，社会临场感对社区成员的社群认同感和品牌认同感有着显著的影响。与传统购物网站和虚拟社区相比，直播间以其独特的实时互动、可视化以及多维度的沟通特点，为消费者提供了更加生动和真实的社会临场感体验。邱钰颖（2021）基于社会助长理论提出，在直播环境下，社会临场感会影响消费者对他人在场的感知，而他人在场的陪伴感则能够直接推动消费者产生购买意愿。同时，社会临场感还能通过改善消费体验来间接影响购买意愿。陈迎欣（2021）认为，电商直播中的多向互动功能能够有效提升消费者的社会临场感，从而进一步增强对商家和产品的信任感。

在营销领域，社会临场感的概念尚未形成统一的认识。不同的学者对其定义持有不同的观点。有的学者将其视为面对面交流的替代品，有的则理解为媒介使用户将他人视为心理存在者的程度。还有学者认为，社会临场感仅仅是对他人心理真实临场的评价，与代表物理真实性的“远程临场感”共同构成了“虚拟临场”。这些不同的定义使得社会临场感在不同情境下的构成维度呈现显著的差异。在新兴的直播营销环境下，消费者能够实时获取大量的他人临场信息，如点赞、赠礼、实时评论等。然而，现有的研究往往忽视了消费者之间的实时立体互动对社会临场感的影响。综合前人的研究，本书发现体验到他人物理在场可能是直播营销临场感的一个重要维度，本书将其称为“共存临场”。这一维度反映了消费者在直播营销过程中对他人物理存在的感知和体验。根据社会临场感的经典定义，除了描述他人在互动中的显著程度外，还包括人际关系的显著程度。在人际关系显著程度方面，沟通的亲密性研究指出，人际关系从疏离到亲密包含事实性和情感性两个层次的内容。因此，在直播营销环境下，社会临场感的概念界定应充分考虑消费者之间的实时立体互动以及人际关系的显著程度。本书旨在深入探讨直播营销环境下的共存临场感概念，以期为后续研究提供理论支持和实践指导。通过明确共存临场感在直播营销中的关键作用，本书可以更好地理解消费者的行为和心理，从而为商家制定更有效的营销策略提供依据。

传统远程通信因技术限制，难以准确捕捉和感知他人的情感状态。然而，随着通信技术的不断革新，直播营销逐渐崭露头角。在线虚拟直播间为个体提供了与他人实时交流的平台，不仅包括文字或语音，更通过点赞、赠送虚拟礼物等互动方式，使得参与者能够深刻感知他人的情感状态。因此，直播营销中的社会临场感涵盖了交流临场和情感临场两个核心方面。本书在现有社会临场感理论的基础上，紧密结合直播营销的特点，采用探索性和验证性相结合的研究方法，旨在深入探索并验证共存临场感的内涵与结构，并为相关领域的研究者和实践者提供新的视角和思路。

2.5 心流体验的理论综述

2.5.1 心流体验的定义和发展理论

契克森米哈赖（Csikszentmihalyi，1989）对心流进行了定义，它是一种个体在参与某项活动时所处的内在心理状态，被普遍认为是最佳的体验状态。这种状态能够解释人们在全神贯注于某项活动时所产生的特殊心理感受。在心流状态下，个体的注意力高度集中，同时对于与所参与活动无关的事物的感知会相应减少。由于“心流”一词最初源于英文词汇“flow”，陈洁（2009）在将其翻译为中文时，存在多种表述方式，如流畅经验、沉浸、心流体验等。鉴于本书主要探讨主播信息源特性对消费者冲动购买意愿的影响，结合研究的实际需求和最新的相关文献，本书选择使用“心流体验”这一术语。这一术语既能够准确表达原始概念的含义，又符合本书的专业性和客观性要求。

在线购物领域的学者已经对心流体验进行了深入的探索。尽管在心流体验的定义上，文献中存在着一定的差异，但多数研究均聚焦于消费者在互动过程中的内在情感状态和心理感知。这些定义多涉及个体在活动中的忘我投入以及从中获得愉悦感的心理状态。契克森米哈赖（Csikszentmihalyi，1989）首次提出了心流体验的概念，将其描述为一种特殊的心理状态，在这种状态下，个体完全沉浸在所从事的活动中，以至于忘记了时间的流逝，并伴随着强烈的愉悦感。加尼（Ghani，1994）进一步指出，心流体验是人们在参与某项活动时，所体验到的专注和享受的状态。喻昕（2017）在研究直播在线消费者的弹幕参与行为时，对心流体验进行了新的解读，认为它是消费者在观看直播时全神贯注、充满享受的内在状态，这种状态伴随着一定的控制感和好奇心。吴娜（2020）则将心流体验引入直播营销的环境，将其定义为消费者在观看直播内容时，所体验到的高度集中注意力和愉悦感，同时感知到的时间流逝也会降低。代宝（2015）在研究微信用户的持续使用时，将心流体验定义为用户在使用微信时完全沉浸其中，忘却周围环境和时间流逝的内在情感状态，这种状态伴随着强烈的愉悦感。这些研究共同揭示了心流体验在在线购物和数字化交互中的重要地位和影响。

经深入研究国内外学术界关于心流体验概念的论述，本书得出了被广泛认同的结论：心流体验是一种深层次的内在心理状态，涉及个体的情感和感知维度。本书采纳了陈祥（1994）对心流体验的定义，并将其置于电商直播的背景下进行考察。根据这一定义，电商直播中的消费者心流体验可描述为：消费者在观看直播过程中，全神贯注、身心投入，忘却时间的流逝，甚至遗忘原本需完成的任务。此种状态下，消费者获得情感上的愉悦与满足。这一界定不仅增强了本书对电商直播中消费者心流体验的理解，也为后续研究奠定了坚实的理论基础。本书将进一步探讨心流体验的影响因素及其对消费者行为的影响，旨在为电商直播平台的优化提供具体建议，以改善消费者体验，推动平台持续发展。通过这一研究，我们期望为电商直播领域的发展贡献新的视角和思考。

2.5.2 心流体验的研究现状

在对既往文献的深入分析与整理后，本书发现对于心流体验在阐释线上个体行为方面的探讨，学术界已经形成了丰富的论述。这些研究大体上可被归纳为三个核心领域：人机互动、人际互动以及两者的融合。在人机互动的领域内，研究者们将目光集中于用户与各类信息系统如网站、移动平台等的交互过程。他们详尽地分析了设计元素、交互的响应速度、系统的实用性与易用性，以及用户感知的控制等因素如何影响用户在浏览或使用这些系统时的心流体验，并进一步研究这种体验如何进一步塑造他们的在线行为。在人际互动领域，研究的焦点转向了线上社交环境中人与人之间的互动。这些研究深入探讨了社会互动和交往如何影响用户在线上的心流体验，并解析了这种体验如何进一步塑造他们的在线行为。此外，还有一部分学者将人机互动和人际互动两个维度进行了有机结合，对线上用户的心流体验进行了综合研究。他们试图揭示在这两个维度的共同作用下，用户的在线心流体验如何形成，并如何影响他们的在线行为。

随着电子商务的蓬勃发展，人机互动在网购环境中的地位越发凸显。对于消费者而言，他们在网络购物过程中的心流体验已成为评估其浏览网站体验的核心指标。陈洁（2009）的研究深入探讨了消费者在线上浏览时与网站之间的人机互动。他明确指出，网站所营造的环境能够诱发消费者产生一种虚拟的临场体验，而网站的交互响应速度及导航设计的易用性则在此过程中起着举足轻重的作用。这种心流体验的加强，对推动消费者的购买行为起到了不可忽视的作用。与此同时，代宝（2015）从另一视角研究了人机互动对消费者体验的影响。他发现在微信等社交平台中，社会临场感显著增强了用户的心流体验，进而提升了他们的持续使用意愿。因此，为了提升用户的心流体验，微信运营商应重视系统响应速度的优化、人机交互的个性化设计，以及界面布局和设计的完善。

在直播互动这一领域，多位学者基于不同的理论模型进行了深入的研究。喻昕（2017）以SOR模型为基础，从心流体验的角度出发，详细探讨了弹幕信息源的特性如何影响消费者的在线弹幕参与行为。通过系统性的文献分析，他得出结论，弹幕信息的互动性、可视性、娱乐性和有用性均对消费者的心流体验产生了积极的推动作用。这一发现为理解弹幕消费者行为提供了重要的理论支撑。吴娜（2020）则对直播场景中的消费者购买意愿进行了深入的研究。她创新性地将主播与观众之间的互动视为一种准社会互动，并发现主播与消费者之间沟通互动风格的相似性能够显著增强消费者对准社会互动的感知。这种感知的增强进一步提升了消费者的心流体验，并促进了其在线购买意愿。这一研究为直播平台的互动设计和营销策略提供了有益的启示。 这些研究不仅深化了对在线互动行为的理解，还提供了独特的视角来洞察消费者的心理和行为模式。通过更深入地探讨心流体验、社会互动等因素对消费者行为的影响，能够为在线平台的设计和优化提供更为科学和有效的建议。这些建议将有助于提升消费者的在线体验，进而增加并提高平台的消费者黏性和商业价值。

本书旨在深入探究社交网站消费者对虚拟产品购买意愿的影响机制，特别是人机互动与人际互动两个维度如何共同作用于消费者的在线心流体验，并进一步推动其作出购买决策。通过对现有文献的梳理，我们发现，尽管已有研究分别探讨了人机互动和人际互动对心流体验的影响，但将两者综合考虑的研究仍显不足。因此，本书旨在弥补这一研究空白，为深入理解在线消费者行为提供新的视角。阿里麦什（Animesh，2011）探讨了消费者与系统的互动性如何影响其心流体验和远程临场感，进而影响购买意愿。同时，他还强调了消费者对虚拟空间中其他消费者的感知在心流体验和社会临场感产生中的作用。这一研究进一步揭示了在线消费者行为中的心理机制和感知过程。

本书经深入研究，确认了心流体验与消费者购买意愿之间存在着显著的正面关联，这一观点得到了豪斯曼（Hausman）和锡克佩（Siekpe，2009）以及易加斌和纪淑娴（2011）等学者的研究支持。研究指出，当消费者受到外部环境的刺激时，他们更容易进入心流状态。这种心理状态不仅增强了消费者的购买意愿，还可能诱发冲动购买行为。心流体验为消费者带来了愉悦感和专注力，其强度对购买行为的影响程度各异。塞内卡尔（Senecal，2002）的研究进一步揭示，心流体验的强烈程度与消费者的重复购买和冲动购买行为之间存在正相关关系。在网络购物环境中，当消费者体验到心流状态时，他们感到愉悦和专注，并沉浸在购物过程中，从而更有可能主动进行产品搜索和点击链接，进一步激发冲动购买的意愿。此外，陈洁、丛芳和康枫（2009）的研究显示，高水平的心流体验更能促进消费者作出二次购买和无计划购买的决策。值得注意的是，心流体验的形成还受到网络服务场景（李慢和马钦海，2014）和互动性（郭朝阳，2021）等多重因素的影响。在直播购物情境中，张启尧（2021）的研究指出，互动性、娱乐性和可信性均对冲动购买意愿具有正面推动作用。

2.5.3 共存临场感，心流体验与冲动购买的关系研究

在先前的研究中，学者们主要聚焦于无互动情境下的网络购买心流体验。陈洁（2009）从过程的角度，针对一家在线书店的消费者，提出了一个涵盖专注、

体验和结果的综合心流体验定义。这一定义不仅详细分析了购物过程中的心理体验，如愉悦感和时间感失落，还全面考虑了前提条件与最终结果的关联。然而，当研究转向具有社交服务功能的网络购买行为和心流体验时，黄玉波（2012）给出了不同的定义。他认为，在社交网站中，用户在使用应用程序或游戏时所感受到的愉悦和专注程度，构成了心流体验。这一观点突出了社交互动在心流体验中的重要性，并揭示了社交元素在网络购买行为中的关键作用。针对网络直播情境，陈洁（1994）提出了自己的观点。他认为，直播情境下，消费者的心流体验表现为对直播内容的高度专注，这种专注使消费者能够全身心地投入其中，感受到愉悦，甚至达到了忘我的程度。这一观点强调了直播情境下消费者与主播之间的互动以及由此产生的购买行为对心流体验的影响。

2.6 信任的理论综述

2.6.1 信任的定义和发展理论

信任是一个多维度且复杂的概念，其定义在学术界尚未达成共识，原因在于信任这一抽象概念与其他相近术语如可信、可靠、信赖等存在交叉使用的情况，这使得精确定义信任与其他概念变得颇具挑战性〔王（Wang），埃姆里安（Emurian，2005）〕。另外，信任涉及认知、情感、行为等多个维度〔李维斯（Lewis），维格特（Weigert，1985）〕。在不同的学科领域，信任的定义和解读也各具特色。 在社会学领域，学者们侧重于人际信任及其道德维度，认为信任是一种愿意承担受伤害风险，但同时相信对方不会背叛的信念〔拜耳（Baier，1994）〕。在心理学领域，人际信任被定义为对个人或团体的承诺和陈述可靠性的信念〔罗特（Rotter，1967）〕。而在管理领域，信任被视为员工对组织决策满意度的衡量标准，组织信任被定义为对决策者将作出有利于自己决定的信念〔德里斯科尔（Driscoll，1978）〕。组织内部的信任能够促进员工之间的协作，进而提高整体生产力〔梅耶（Mayer），戴维斯（Davis）& 施卢曼（Schoorman，1995）〕。在营销领域，信任被定义为信任者对信任对象可信度和善意的认知。研究表明，销售人员的专业能力、好感度以及与消费者的相似性等因素在建立信任和强化消费者与供应商关系方面扮演着重要角色〔多尼（Doney，1997）〕。这些来自不同领域的定义和解读共同构成了信任这一复杂概念的丰富内涵，展示了信任在不同学科领域的多样性和独特性。

信任维度的研究呈现出由单一维度向多维度演进的趋势。徐碧祥（2007）对有关信任维度的研究进行了系统性的整理，从信任者、被信任者以及两者之间的关系三个维度出发，对已有文献进行了深入的剖析和归纳。从信任者的角度，学者们对信任维度进行了不同的划分。例如，麦卡利斯特（McAllister，1995）将信任划分为情感型信任和认知型信任，两者分别基于个人情感和理性认知形成。同样，莱维茨基（Lewicki）和邦克（Bunker，1995）也提出了类似的观点，他们认为信任应包括计算型信任、认同型信任和知识型信任，这些类型分别基于利益计算、价值观认同和专业知识。麦卡利斯特（McAllister，1995）则基于认知和情感两个维度，开发了一套包含 6 个认知维度条款和 5 个情感维度条款的信任量表。该量表因其全面性和实用性，在信任研究中被广泛应用。而从被信任者的角度来看，大多数学者提出了两维、三维、四维等不同维度的观点。即使在设定相同维度的情况下，不同学者对维度的命名和内涵理解也存在较大的差异。例如，加尼桑（Ganesan，1994）将信任划分为可信度和善意两个维度，强调被信任者的可靠性和善意行为。而达斯（Das）则将信任划分为能力信任和善意信任两个维度，侧重于被信任者的能力和行为动机。法雷尔（Farrell）、弗勒德（Flood）和科廷（Curtin）等人（2005）也提出了能力型信任和善意型信任两个维度的划分。

在学术界，关于信任维度的探讨一直备受关注。其中，詹姆斯（James）和马克（Mark，1985）从可度量性、可靠性和信仰三个维度出发，对信任进行了深入剖析。而梅耶（Mayer）、戴维斯（Davis）和施卢曼（Schoorman，1995）则提出了能力、善意和正直三个维度，为信任研究提供了新的视角。 在我国文化背景下，许科（2002）通过探索性因子分析，发现信任可分为道德信任、行为信任、权威信任和关系信任四个维度。这一发现丰富了信任维度的内涵，为信任研究注入了新的活力。此外，从相互关系的角度出发，萨克（Zucker，1986）将信任划分为以过程为基础的信任、以特征为基础的信任和以制度为基础的信任。这一分类方式有助于本书更全面地理解信任在不同情境下的表现形式。卢梭（Rousseau）、希特金（Sitkin）和波特（Burt）等人（1998）则将信任划分为依赖型信任、计算型信任、关系型信任和制度型信任。这种分类方式为本书提供了信任维度的另一种解读，有助于本书更深入地理解信任的本质。尽管学者们在信任维度的划分上存在差异，但徐碧祥（2007）在其研究中指出，所有维度最终都可以归结为认知和情感两大维度。认知维度包括了计算型信任、知识型信任、感知可信度和依赖型信任等；而情感维度则涵盖了认同型信任、善意和关系型信任等。这一观点为本书提供了一个全新的视角，有助于本书更全面地理解信任的内涵和外延。

网络信任的概念，源于传统的信任观念，但在时代的变迁中，它已逐渐融入了新的元素，形成了独特的内涵。为了深入解析这一概念，众多学者从不同领域和角度进行了广泛研究，为本书提供了丰富的理论支撑和实证依据。 在众多关于网络信任的定义中，梅耶（Mayer，1995）提出的观点受到了广泛的认同。他认为，网络信任是指在网络环境中，一方基于对另一方的评估，预期对方会采取对自己有益的行为和反应，并愿意承担可能因此产生的风险。这一定义不仅揭示了网络信任的本质，还为本书构建信任模型提供了重要的理论框架。在这个模型中，信任是核心要素，它建立在一方对另一方的积极预期之上。而信任前因则包括了对另一方的认知、情感、经验等多方面的考量。这些前因为信任的形成提供了基础和依据。同时，信任结果则体现了信任所带来的积极效果，如合作、信息共享等。而感知风险则是网络信任中不可忽视的因素，它反映了在信任建立过程中，一方对可能遭受的损失或伤害的担忧。总之，梅耶的定义为本书理解网络信任提供了重要的理论支持。在网络环境日益普及的今天，深入研究网络信任的概念、影响因素及其作用机制，对于促进网络空间的健康发展具有重要意义。

随着网络购物的不断崛起和演变，学术界开始聚焦于这一新兴购物模式与传统购物方式的差异，特别是网络环境中信任的概念及其发展路径。尹成鑫（2019）的研究表明，网络信任研究实质上源于传统信任领域的探索，但在网络背景下被赋予了新的内涵，诸如网络信任、在线信任或互联网信任等术语应运而生。麦克耐特（Mcknight）等人（2002）首次对网络信任进行了系统性定义，他们认为网络信任是施信方对受信方在可预测性、诚实、能力以及善意等方面信念程度的综合评估。这种信任在消费者参与网络交易时发挥着至关重要的作用，它有助于消费者克服心理上的风险感知和不确定性，从而更加愉快地参与在线购买和分享体验。在此基础上，麦克耐特（Mcknight）和切尔瓦尼（Chervany，2002）构建了一个相对完善的网络信任模型，该模型涵盖了信任信念和信任倾向两个核心要素。而卡罗特（Corritor）等人（2003）则进一步借鉴了传统信任的定义，将信任视为一种关系，这种关系源于消费者对网络购物环境的风险认知和对网站隐私保护的期望。穆琳（2011）等学者则强调了网络信任中主体与客体之间的关系性，他们认为信任主体往往处于易受伤害的位置，而信任客体则依赖于信任主体并可能利用其弱点。在此基础上，穆琳进一步明确了买方作为信任主体和卖方作为信任客体的角色定位。因此，网络信任不仅涉及对商家的信任程度，还包括对线上和线下卖家的信任，以及对网络和网站本身安全性和可靠性的信任。

2.6.2 信任的影响因素

消费者信任在购买行为中扮演着至关重要的角色。沈鹏熠的实证分析深入探讨了商店环境、信任与购买意愿之间的内在联系。具体而言，商店环境中的各种元素能够作为线索，刺激消费者产生愉悦的情感体验，进而激发他们的购买意愿。同时，这些元素也间接地强化了消费者与商家之间的信任关系。当消费者在信任的基础上进一步增强购买意愿时，这种影响既直接又间接，形成了双重效应。沈晓萍、蔡舜和徐迪（2016）的研究则聚焦于网络团购情境下消费者信任的重要性，并验证了信任对网络团购购买意愿的正向显著影响。他们的工作为本书理解网络环境中的信任机制提供了参考。李琪和王璐瑶（2016）则以ABC态度模型为理论框架，通过实验手段验证了消费者对店铺的信任对购买意愿的显著正向影响。他们的研究进一步巩固了信任在购买行为中的核心地位。张婉（2016）则深入探讨了消费者与商家的互动对信任和购买意愿产生影响的内在机制。她提出了对信任的独特分类，将其分为对网站和对产品的信任。这一分类为本书更细致地理解信任的不同维度提供了有益的视角。综合以上关于信任和购买意愿的研究，本书可以得出一个简洁而有力的结论：消费者对线上商家的信任对其购买意愿具有显著的正向影响。这种信任不仅是推动购买行为的关键因素，还深刻影响着消费者的满意度、忠诚度、信息交流感和归属感等多个方面。因此，对于线上商家而言，建立和维护消费者的信任是至关重要的。

刘馄瑛（2003）对消费者信任程度与满意度之间的关系进行了深入研究，结果证实两者之间确实存在正向关联。此外，该研究还发现网络信任能在一定程度上增强消费者的归属感。易牧农等（2011）的实证研究进一步验证了消费者信任程度与忠诚度之间的正向关系，即消费者的信任度提高，其表现出的忠诚度也相应提升。麦克耐特（Mcknight）、乔杜里（Choudhury）和卡奇马尔（Kacmar，2002）的研究则表明，在消费者高度信任的背景下，当在线商家提供购物建议时，消费者更乐于接受这些建议。这些文献资料的综合分析表明，信任在消费者行为领域中具有举足轻重的研究意义和价值。特别是在网络购物日益盛行的今天，网络信任问题受到了越来越多的关注（崔剑峰，2019）。然而，值得注意的是，现有研究大多聚焦于网络信任的中介效应，而对于其调节作用的探讨相对较少。鉴于此，本书采用了麦克耐特对网络信任的定义，旨在深入探索网络信任在氛围线索与情绪传播路径中所起到的调节作用。通过这一研究，本书期望能够为消费者行为领域的理论发展与实践应用提供新的视角与启示。

2.7　打赏的理论综述

2.7.1 线上打赏意愿与打赏感知的定义

“打赏”一词，其历史可追溯至街头艺人的表演活动。在这种表演中，街头艺人通过技艺展示吸引观众，观众则可能因欣赏其表演、出于慈善之心或对其表演内容感到满意而给予一定的物质回馈，即打赏。然而，这种打赏行为具有一定的自愿性，观众是否为表演付费完全取决于其个人意愿，因此，有时这种打赏行为也可能带有搭便车的意味。

（1）打赏的慈善属性

慈善与赠礼，作为一种跨越多个学科领域的捐赠形式，已经引起了心理学、经济学、市场营销学以及人类学等学科的广泛关注。捐赠，作为一种出于善意而自愿将资金转移给他人的行为，与消费行为有着本质的不同。在捐赠过程中，捐赠者往往无法期待获得与所付出资金等值的直接回报或利益。这种行为背后的动机复杂多样，主要可以归结为内在动机和外在动机。内在动机，即利他主义，是指个体出于对他人的关爱和善意，主动为他人做好事并从中感受到满足和幸福。这种动机源于个体的内在价值观和道德观念，是驱动捐赠行为的重要力量。外在动机则是指捐赠者希望通过捐赠行为获得一些与直接利益相关的回报，如社会赞美、他人认可或提升个人社会声誉等。这种动机在一定程度上也能推动捐赠行为的发生，尤其是在社会舆论和公众关注的影响下。除了慈善属性外，捐赠者与非营利组织之间的关系也是影响捐赠行为的重要因素。在现实生活中，经常可以看到各种众筹活动在社交圈中广泛传播。这些众筹活动往往建立在朋友、亲戚等亲密关系的基础上，通过认同和信任的力量来推动捐赠行为的发生。这种关系不仅增强了捐赠者对非营利组织的信任度，也提高了他们参与捐赠的意愿和积极性。

（2）打赏的消费属性

在游戏直播领域，打赏行为表现为观众在观看主播表演后，基于个人喜好和意愿所进行的一种付费行为。观众有权决定他们愿意支付的金额，以表达对他们所欣赏的直播内容的支持。作为主播，他们必须无条件地接受这些打赏，尽管平台作为第三方，可以通过设定道具价格等方式，在一定程度上影响观众在打赏时的金额选择。打赏行为的发生受到多种因素的影响，其中包括观众的利他主义倾向、对直播内容的满意度，以及他们个人的经济状况等。此外，社会规范，即社会对打赏行为的普遍看法和期望，也在一定程度上影响着观众的打赏行为。同时情感因素，如观众对主播的喜爱和认同，也在打赏行为中扮演着重要的角色。

2.7.2 打赏的相关研究

（1）基于态度的打赏意愿研究

菲什拜因（Fishbein）的态度模型是一个经典的消费者行为理论，它认为个体的行为或行为意愿主要受到其对自身和他人认知的影响。这一理论起源于美国，并在全球范围内广泛应用于衡量和解析用户态度。菲什拜因（Fishbein）模型主要由三个核心部分组成：属性、信念和重要性权重。在早期的应用实例中，里特尔（Ritter）等人曾运用菲什拜因（Fishbein）模型对 1994 年游客对旅游地文化的态度进行了深入研究。他们通过收集和分析大量数据，验证了模型在预测和解释消费者态度方面的有效性。此外，桑德加德（Sonder Gard）在研究社会大众对发酵产品购买态度时也采纳了菲什拜因（Fishbein）模型，并发现积极的消费者态度对购买行为具有显著的促进作用。这些研究不仅证明了Fishbein模型在消费者行为研究中的广泛应用价值，同时也为其他领域的研究提供了有益的参考。通过深入剖析消费者的认知过程，本书可以更好地理解他们的行为决策机制，从而为企业制定更有效的市场策略提供理论支持。

（2）基于感知价值的打赏意愿研究

在深入探讨消费者购买行为的过程中，众多学者倾向于以技术接受模型为框架，将感知价值作为替代态度的核心要素进行研究。多夫曼（Dorfman）和摩尔（Moore）在其研究中明确指出，感知价值实际上是在消费者做出购买决策时对各种所得利益与成本进行权衡的结果。这种权衡不仅涉及物质层面的考量，更涵盖了心理层面的满足。塞图姆（Sethum）则从消费者心理学的角度出发，深入剖析了感知价值对消费者行为的影响。他认为，消费者对商品的认可程度越高，其感知价值就越大，进而增加了购买的可能性。这一观点为本书理解消费者心理与购买决策之间的关系提供了新的视角。在我国，张根民和郭军瑞针对大学生信用卡使用行为的研究进一步证实了感知价值在消费者行为研究中的重要性。他们发现，强烈的感知价值能够有效促进大学生对信用卡的使用意愿，特别是在功能和安全性方面表现出显著的正向影响。这一发现不仅丰富了感知价值理论在消费者行为领域的应用，也为理解我国年轻消费者的消费心理提供了有力支持。

（3）基于感知风险的打赏意愿研究

自罗曼德教授于1960年将感知风险理论引入消费者行为研究以来，该理论已成为理解消费者决策过程的重要框架。罗曼德教授指出，当个体面临消费行为时，由于无法精确预测行为后果，消费行为本身就蕴含了一定风险。为了降低这种不确定性带来的风险，消费者往往会选择他们认为感知风险较低的购买行为。在此基础上，潘煌、高丽等学者进一步探索了网络购物消费者行为，揭示了网店规模、服务态度、售后服务质量、技术水平以及品牌等与产品紧密相关的因素，对消费者付费意愿产生的显著影响。这些研究不仅丰富了我们对消费者行为决策过程的理解，也提供了更深入洞察消费者心理和市场动态的视角。

综合以上三种理论研究，本书可以得出以下结论：在消费决策过程中，当消费者对商品的感知价值表示认可，对商品持有积极的态度，并提前考虑到潜在的风险时，他们就更有可能进行购买行为。这一理论同样适用于网络游戏直播打赏的情境。在这种情境下，消费者会认可主播的视频内容，认为直播内容对自己有益，并在预期打赏会带来积极后果的情况下愿意支付费用。这为我们理解网络环境中的消费者行为提供了新的视角和理论支持。

2.8 总结

在深入研究共存临场感、心流体验、信任、打赏意愿、打赏感知以及冲动购买等概念的基础上，不难发现，电子商务直播这一新兴形式正逐渐成为研究的热点。特别是在冲动购买领域，尽管传统电子商务领域的相关研究已经相当丰富，涵盖了网站因素、情境因素、营销刺激和消费者特征等多个方面，但对于电商直播情境下冲动购买的研究仍显得不足。

电商直播作为一种新兴的购物渠道，以其真实的商品展示和实时互动的特点，为消费者提供了全新的购物体验。它不仅能够弥补消费者无法近距离观察和触摸产品的遗憾，还能通过主播与消费者之间的实时互动，建立更紧密的联系，并有效地传递信息。在电商直播的背景下，当消费者感受到直播营销的刺激以及主播高水平的互动时，他们会产生共存临场感，仿佛置身于直播间，沉浸其中并感受到愉悦，从而达到心流体验的状态。这种心流体验是由外部环境刺激引起的认知情感状态，它对冲动购买意愿具有显著的影响。此外，电商直播的强互动特性也增强了社交场景，使消费者能够更加深入地参与到购物过程中。在社交共存临场感的三个维度中，直播间中的共存临场感是最直观的，因此本书选择共存临场感作为社交共存临场感中的独立变量，以此进一步探讨其对冲动购买意愿的影响。

同时，学者已经对消费者信任的前因进行了充分的讨论，并从经验上分析了消费者信任在消费者行为意愿发生中的作用。然而，在电商直播的背景下，消费者信任的机制尚未得到深入的分析。尽管消费者对主播或场景的信任被视为消费者认知的一部分，但仍需进一步探讨其在电商直播中的具体作用。本书将冲动购买意愿置于电商直播的背景中，旨在探讨其影响因素和路径。通过结合共存临场感、心流体验、信任等概念，本书期望能够更全面地理解电商直播情境下的冲动购买行为，并为未来的研究提供有益的参考。重构“人与货场”的交互模式，能够有效提升交易效率并增强消费者的忠诚度。电商主播在互动过程中的表现，包括其互动性、专业性、对产品的深入参与、呈现方式以及推荐的一致性，都是构建和维持消费者信任的关键因素。这种信任是主播与消费者之间关系的基石，对于主播来说，理解消费者对其信任度的期望并据此建立反馈机制，是维系并深化消费者关系的关键。

当前，关于打赏意愿的研究多从自由心理学、信息质量和知觉行为控制等角度进行，但在直播购物这一特定背景下，打赏意愿和打赏感知如何影响冲动购买意愿的研究尚显不足。因此，本书将打赏意愿和打赏感知作为两个重要的调节变量，探讨它们如何影响共存临场感与冲动购买意愿之间的关系。

以心流体验和信任作为消费者内在情感反应的理论基础，深入探究消费者的冲动购买意愿。同时，针对共存临场感对冲动购买的影响，以及打赏意愿和打赏感知在这一路径中的作用，本书进行了详细的分析和探讨。尽管已有一些研究涉及这些因素，但对其内部机制的探讨仍显不足。

基于上述研究，结合电商直播的特点，本书借助SOR模型和ELM理论，构建了一个关于电商直播背景下消费者冲动购买意愿影响因素的研究模型。这一模型不仅涵盖了传统的信任、心流体验等因素，还引入了打赏意愿和打赏感知这两个新的调节变量，为我们更深入地理解消费者冲动购买行为提供了新的视角。

3. 研究模型和假设

3.1 研究模型

本书以文献综述为基础，提出了理论假设，并整合了SOR（刺激—有机体—反应）理论模型和ELM（精细加工可能性模型），旨在深入探讨社交共存临场感中的共存临场感对冲动购买意愿的影响机制。在本书中，共存临场感被设定为独立变量，对应SOR模型中的刺激（Stimulus）部分。这一变量在社交互动中发挥着重要作用，能够激发消费者的参与感和沉浸感。同时，打赏意愿和打赏感知作为调节变量被引入，它们能够调节共存临场感对心流体验和信任的影响。打赏作为一种社交互动中的常见行为，对于消费者的心理和行为具有显著的影响。因此，与打赏相关的变量也被纳入SOR模型中的刺激部分。心流体验和信任作为中介变量，对应SOR模型中的有机体（Organism）部分。它们在共存临场感与冲动购买意愿之间起到了桥梁作用，能够将刺激转化为具体的反应。最终，冲动购买意愿作为因变量，对应SOR模型中的反应（Response）部分。它是本书关注的重点，反映了消费者在社交互动中的购买决策行为。通过整合SOR模型和ELM理论，本书将深入探讨共存临场感、打赏意愿、打赏感知、心流体验、信任与冲动购买意愿之间的关系，以期为直播电商领域的实践提供有益的启示和借鉴。

在探讨ELM理论的核心路径作用时，主播的核心职责在于深入理解并把握消费者的需求、产品期望以及购物体验等核心要素。通过精准地分析这些因素，主播能够营造出与消费者期望高度契合的直播购物环境，从而有效地提升消费者在购物过程中的共存临场感与参与感。当消费者完全沉浸于直播间的购物氛围中时，他们会投入更多的时间和精力去深入探索、审慎判断以及精准识别与产品相关的各类信息。在这一过程中，消费者对直播购物的心理投入和信任感会显著增强，进而产生强烈的冲动购买意愿。这种由核心路径引发的购买意愿，在整个购物决策过程中起到了至关重要的作用。在探讨ELM理论的边缘路径作用时发现，当消费者面临直播购物经验不足、时间有限或首次进入某主播直播间等情境时，他们往往会依赖个人的消费习惯或直观线索来快速作出购买决策。在这种情况下，打赏行为作为一种直观且量化的指标，能够迅速反映主播的受欢迎程度以及直播间的价值。打赏不仅能够在短时间内增强消费者的共情体验和对主播的信任感，而且还能够激发他们的冲动购买意愿。因此在ELM理论中，在消费者进入直播间的初期阶段，打赏行为通过触发边缘路径处理机制，对消费者的购买决策产生显著且直观的影响。

基于以上模型理论，本书提出以下模型（见图 3–1）。

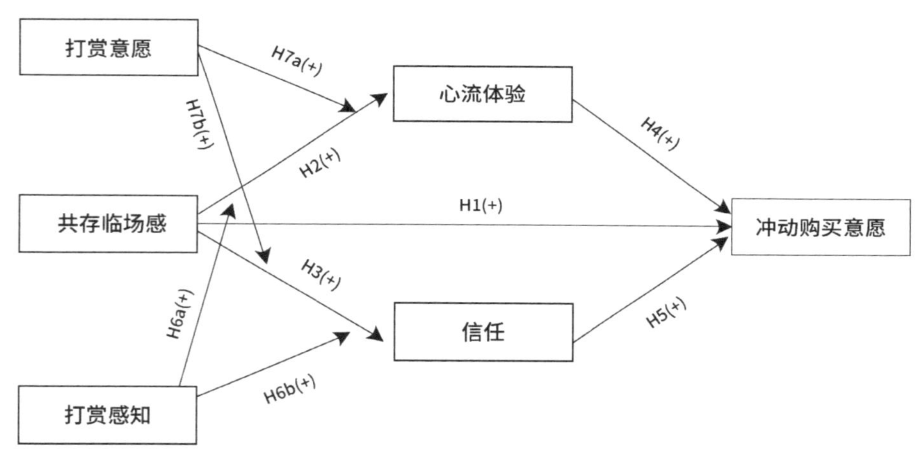

图 3-1 理论模型

3.2 研究假设

3.2.1 共存临场感与冲动购买意愿

在电商直播营销的环境中，商家通过构建特定的情境和强化直播互动，有效地增强了消费者的临场感，进而影响了他们的购买决策。这一现象并非偶然，而是基于一系列先前研究的支持。格芬（Gefen）和斯特劳（Straub，2004）在他们的研究中指出，社交共存临场感能够显著促进互联网购物行为，是影响消费者购买行为的重要因素。这一观点在后续的研究中得到了进一步验证。赵晓煜（2018）的研究表明，在互联网电子商务购物的背景下，社交共存临场感对消费者的在线购买意愿具有积极的影响。马玉珍（2017）也发现，社交共存临场感能够积极影响电商在线购物平台上的冲动购买意愿。通过消费者调查发现，增强消费者对主播的熟悉感可以增强社交共存临场感，从而激发消费者的消费兴趣。

拜瑞（Berry，2002）的观点认为，他人的社交线索会影响焦点客户的体验。在电商直播环境中，这种社交线索的共存临场感尤为强烈。购物网站的知识性、经济性、互动性和视觉特征都能显著引起消费者的情绪波动，从而可能导致冲动购买。在线购物环境中的冲动购买行为相对简单，而在电商直播的背景下，由于人际关系的强化、实时互动和情绪感染力的提升，消费者更有可能产生冲动购买。此外，李海容（2003）的研究表明，在3D在线购物环境中，消费者对虚拟购物环境的共存临场感越强，他们对产品的印象和评价就会越好，购买意愿也会相应提高。这一发现与电商直播营销环境的特点高度契合，进一步证明了社交共存临场感在电商直播营销中的重要性。综上所述，电商直播营销通过强化社交共存临场感，有效地影响了消费者的购买决策和行为。因此，对于电商直播商家而言，如何更好地利用共存临场感来提升消费者的购买意愿和冲动购买行为，将是一个值得深入研究的课题。

基于以上文献综述，本书提出假设：

假设 1：共存临场感显著正向影响冲动购买关系。

3.2.2 共存临场感与心流体验

电商直播作为一种新兴的商业模式，不仅实现了消费者与主播之间的实时互动，包括语音连接、点赞、送礼以及评论滚动，还促进了不同消费者之间的信息交流，从而显著缩短了利益相关者之间的距离。这种互动性和社交性为消费者带来了前所未有的购物体验。在过去，消费者只能通过购物网站上固定的图片来浏览商品，无法直观地了解商品的实际效果。然而，在电商直播中，主播能够生动地展示商品，通过穿戴、手持等方式，从多个角度向消费者展示商品的实际效果。这种直观、生动的展示方式使得消费者能够更深入地了解商品，增强了消费者的购买欲望。此外，电商直播的互动性还为消费者带来了一种“沉浸感”。在观看直播的过程中，消费者仿佛置身于现场，与主播和其他消费者共同分享购物的快乐。这种沉浸感使得消费者更加愿意为这种体验付费，从而实现了商家和消费者之间的双赢。

经过对相关文献的系统性回顾与分析，本书发现，在多元化的在线应用场景中，社交共存临场感的强弱对消费者的心流体验产生了显著影响。以在线教育领域的MOOC平台为例，研究结果清晰地揭示了社交共存临场感对消费者心流体验的积极推动作用。转向在线购物领域，通过深入探究消费者行为，本书发现消费者的心流体验同样受到了直播中社交共存临场感的影响。电商网站的互动性和生动性不仅显著提升了消费者的心流体验，还进一步增强了消费者的购买意愿。与传统的电商模式相比，电商直播以其高度的互动性为消费者提供了一个更为个性化和自由的购物环境。这种模式不仅满足了消费者对信息和愉悦体验的需求，还为他们在感知存在和互动方面提供了更多的可能性。因此，在直播环境中，消费者能够感受到强烈的社交共存临场感，从而体验到更为深刻的“乐趣”和“娱乐”情感。诺瓦克（Novak，2000）在其研究中指出，当消费者意识到自己与虚拟环境实现了深度融合时，他们在电商体验中感受到的愉悦感会更为强烈。这种愉悦感是心流体验的重要组成部分，也是正面心理学中的一个核心概念。此外，学者龚潇潇（2019）的研究发现，直播中丰富的氛围线索对于提升消费者的心流体验具有积极作用。这一发现与张初兵（2017）构建的理论模型相呼应，后者深入探讨了氛围线索对感知的影响机制。

电商直播，作为一种高度互动与多媒体融合的沟通形式，具有突破时空界限的优势，实现了人与人之间实时的信息交互与共享。它在传达社会线索、构建社交环境方面展现出独特的优势。在直播过程中，消费者不仅能够与主播进行实时交流，还能在评论区与其他消费者进行互动，这种多维度的沟通模式极大地增强了消费者的社交参与感与沉浸体验。值得一提的是，心流体验作为一种无意识的认知与情感状态，对于消费者的信息接收与行为决策具有深远的影响。在电商直播环境中，消费者感受到的强烈共存临场感、流畅的沟通互动以及深入的情感交流，均可能触发其内在的心流体验。这种体验不仅增强了消费者的观看愉悦感，更可能引导其产生购买决策，实现商业价值的转化。

基于以上文献综述，本书提出假设：

假设 2：共存临场感显著正向影响心流体验。

3.2.3 共存临场感与信任

在电子商务领域，社交共存临场感对信任建立的重要性已得到广泛认可。格芬（Gefen）和斯特劳（Straub，2004）的研究揭示了社交共存临场感在电商网站中能够触发信任的机制。随后，弗里斯（Vries，2006）进一步证实了在线交易中社交共存临场感对增强消费者信任的作用。沃勒（Waller，2006）则从社交环境的角度出发，指出信任是在这样的环境中产生的，并强调社交共存临场感是激发参与者信任的必要条件。

帕夫卢（Pavloue，2008）的研究则深入探讨了网站中社交共存临场感对消费者和商家之间社会距离的影响，他发现社交共存临场感能够有效地缩短这一距离，从而使信任更容易产生。此外，崔宰源（2011）总结了消费者在在线购物过程中面临的不确定性和感知风险，这进一步强调了社交共存临场感在减少这些负面因素、促进信任建立方面的重要性。综上所述，社交共存临场感在电商直播中不仅是一个关键因素，而且还是建立和维护消费者信任的重要机制。

电商直播中，主播通过全面展示商品并热情推荐，有效地提升了消费者对主播及商品的信任度。此外，与消费者的积极互动也为其他消费者打下了信任基础。希恩（Shin，2011）对在线购物环境下的消费者信任进行了深入探讨。有学者进一步指出，在社交网络中，针对不同对象，信任的影响机制各异，特别是在对陌生人的信任构建中，社会资源机制发挥着至关重要的作用。消费者从与他人互动中获取的信息资源越有效，其对陌生人的信任度就越高。电商直播作为一种新兴的购物模式，显著增强了消费者之间的人际感知，使得消费者在购物过程中能够获得比传统电商平台更为丰富和有效的信息。在B2C在线购物中，温暖的共存临场感有助于增强消费者对商家及其诚信的感知，进而提升消费者的信任度。在在线购物环境中，商家的诚信等因素对消费者的信任和风险感知具有显著影响。

在传统电商平台购物中，消费者与卖家或网站代理之间的沟通受到沟通媒介的限制。然而，在电商直播的背景下，主播通过全方位展示商品，为消费者营造了一种接近真实购物场景的体验，从而增强了消费者对商品和商店的信任，降低了购买决策的风险。网络直播营销模式的出现打破了时间和空间的限制，使得在线消费者与卖家以及其他消费者之间的沟通更加便捷，进一步增强了消费者购买商品的信心。

基于以上文献综述，本书提出假设：

假设 3：共存临场感显著正向影响信任。

3.2.4 心流体验与冲动购买意愿

在我国消费结构不断升级的大背景下，体验消费逐渐崭露头角，引起了企业、专家和学者的广泛关注。直播购物模式的兴起有效弥补了传统电商在娱乐和体验方面的不足，并迅速成为推动经济增长的重要力量。关于在线购物体验如何影响消费者行为的研究层出不穷。学者在这方面的探索表明，心流体验能够引发消费者深度沉浸，使其失去对时间的感知。例如，李志飞（2007）的研究明确指出，体验营销通过激发强烈的情感反应，进而影响消费者的冲动购买决策。这一发现揭示了体验营销在激发消费者购买冲动方面的重要作用。然而，与线下实体店相比，在线购物的一大挑战在于其产品或服务的无形性。有研究显示，如果虚拟购物体验能够带给消费者愉悦的感受，那么这种沉浸式体验将在一定程度上降低消费者对风险的感知，进而增强他们的在线购物意愿。这表明，通过创造愉悦的购物体验，商家有可能降低消费者的风险感知，提高在线购物的意愿。心流体验理论在心理学领域为深入研究消费者的在线购物体验及相关行为提供了全新的视角。一些学者进一步利用“时间感”和“购物愉悦”等概念来阐释心流体验，并通过实证研究验证了心流体验对消费者再次购物和冲动购物的积极影响。这些发现不仅丰富了我们对消费者行为的理解，也为商家优化购物体验、提升消费者满意度和忠诚度提供了理论支持和实践指导。

在电商直播等在线购物活动中，心流体验所引发的深度专注、享受与控制感，对于提升消费者的幸福感具有显著作用。当消费者沉浸于直播购物的过程中，时间的流逝变得难以察觉，内心的愉悦感被激发，从而促使他们进行非计划性的购买行为。此外，电商直播所创造的心流体验，不仅丰富了消费者的购物体验，而且还影响了他们对产品的评价，降低了感知风险，并进一步推动了非计划购买的发生。这些发现对于理解在线购物中的消费者行为以及优化电商直播的营销策略具有重要的理论和实践意义。

基于以上文献综述，本书提出假设：

假设 4：心流体验显著正向影响冲动购买意愿。

3.2.5 信任与冲动购买意愿

在直播营销的背景下，社交共存临场感显著提升了在线消费者之间的人际互动感知。在虚拟的购物环境中，由于消费者难以辨别其他参与者的身份，他们倾向于依赖其他消费者的意见和评价来形成购买决策。当消费者认为其他消费者能够真实、公正地评价产品时，他们更有可能跟随这些意见，进而产生群体行为。信任在直播营销中扮演着至关重要的角色，它不仅驱动着消费者作出购买决策和行为，还能有效降低消费者对产品的不确定性，从而影响其购买意愿。

信任是买家和卖家之间动态关系的核心要素，对于促进在线购买至关重要。在传统的在线购物模式中，消费者往往与其他消费者处于孤立状态，缺乏真实的社交互动。然而，在新兴的直播营销模式下，这一状况得到了显著改善。通过直播营销，消费者能够实时互动、交流意见，形成更加紧密的社交网络。这种社交共存临场感的增强不仅提升了消费者的购物体验，还为商家提供了更多的营销机会。

基于以上文献综述，本书提出假设：

假设 5：信任显著正向影响冲动购买意愿关系。

3.2.6 心流体验的中介效应

本书以SOR模型和ELM理论为基础，深入剖析了心流体验、共存临场感与冲动购买意愿之间的内在逻辑联系。现有研究多将共存临场感视为外部刺激因素，特别是在电商直播的环境下，当消费者接收到直播中传递的各类信息时，其情感状态往往会受到影响。在消费心理学领域，心流体验被认为是一种特定的心理状态和情感反应。以往的研究已经证实，在网络直播的诸多特性与冲动购买行为之间，心流体验起到了至关重要的作用。它解释了直播信息的专业性、互动性、吸引力和可靠性如何影响消费者的购买决策（林钻辉，2021）。在电子商务直播的环境中，高度的互动性为消费者带来了强烈的现场参与感，使他们容易沉浸在直播所营造的氛围中，忘却时间的流逝，并体验到愉悦和快乐。这种实时的沟通方式显著增强了消费者的心流体验（朱辉煌，2019）。当消费者进入心流状态时，高度的愉悦感和个体化的体验促进了消费意愿和行为的整合。施德伯格（Skadberg，2004）在其提出的旅游网站心流体验模型中指出，当消费者完全沉浸在某一活动中时，他们更有可能产生冲动购买的行为。此外，姜婷婷（2021）对心流体验理论的 78 项实证研究进行了系统性的回顾和总结，深入探讨了心流的前置因素、结果以及在不同情境下的中介作用。他的研究不仅丰富了现有的理论框架，还为电商直播领域的实践提供了重要的理论依据。通过深入理解心流体验、共存临场感与冲动购买意愿之间的内在联系，我们可以更有效地设计和优化电商直播的策略，以提高消费者的购物体验和满意度。同时，这些发现也有助于指导消费者在直播购物过程中作出更明智的决策。

总之，可以认为电子商务直播中的共存临场感对消费者的心流体验有积极影响，而心流体验则积极促进消费者的冲动购买行为。

基于以上文献综述，本书提出假设：

假设 6a：打赏感知在共存临场感对心流体验的影响中起到调节作用。

假设 6b：打赏感知在共存临场感对信任的影响中起到调节作用。

3.2.7 信任的中介效应

随着互联网技术的飞速发展和在线购物平台的广泛普及，消费者的购物行为正经历着前所未有的变革，展现出多样化的特点。在之前的研究中，学者们深入探讨了电商网站中的社交共存临场感如何有效地拉近买家与卖家之间的心理距离，进而促使双方关系的和谐与融洽。作为虚拟在线社区与在线购物体验中不可或缺的关键要素，社交共存临场感在塑造消费者态度和行为方面发挥着举足轻重的作用，与消费者的信任感紧密相连。帕夫龙（Pavlou，2008）在其研究中明确指出，网站中所营造的社交共存临场感有助于缩短买家与卖家之间的社交距离，使信任感在更为紧密的社交联系中滋生。而赵宏霞（2015）进一步指出，在在线购物的背景下，消费者对于周围“人”和“事物”的真实感知对于建立信任具有积极的影响。这种真实感知不仅来源于商品和服务的真实质量，还涉及卖家与买家之间的互动交流、评价反馈等多个方面。

在直播营销的环境中，消费者的参与感知显著提升了其共存临场感。据宋亚非（2013）的研究，亲善信任以消费者利益为核心，能有效降低交易中的不确定性，进而促进消费者与商家之间关系的和谐，增加长期合作的意愿。这种信任基于双方的诚实和信任，以确保消费者的期望得到满足，并对购买意愿和行为产生深远影响。常亚林（2018）的研究进一步揭示，在虚拟社区中，成员的互动感知直接影响他们对商家能力、善意和诚实的信任，进而显著影响他们的购买意愿。与此同时，冯俊（2020）指出，直播环境中的社交共存临场感能够激发消费者对主播的信任，这对于交易的迅速达成具有关键作用。消费者的信任不仅促进了双方的交流和沟通，而且还以直接或间接的方式影响了他们的购买意愿和行为。因此本书认为，在社交共存临场感与持续购买意愿之间，消费者信任起到了重要的中介作用。这一发现对于理解直播营销中的消费者行为，以及提升营销效果具有重要的理论和实践意义。

基于以上文献综述，本书提出假设：

假设 7a：打赏意愿在共存临场感对心流体验的影响中起到调节作用。

假设 7b：打赏意愿在共存临场感对信任的影响中起到调节作用。

3.2.8 打赏感知的调节效应

目前，学术界对于奖励感知的探讨尚处于初级阶段，特别是在直播购物背景下，学者对于奖励的感知如何调节共存临场感对心流体验和信任的影响，进而对冲动购买意愿产生作用，这一议题鲜有研究。对此进行深入探讨，对于理解消费者行为模式具有重要意义。先前的研究多聚焦于共存临场感与心流体验及信任之间的直接关系，却鲜有研究将奖励感知作为调节变量纳入考量范围。因此，本书旨在探讨在不同奖励感知水平下，心流体验与信任在共存临场感与冲动购买意愿之间的中介作用是否会有所不同。具体而言，本书假设共存临场感能够通过影响消费者的心流体验，进而对冲动购买意愿产生作用。在这一过程中，奖励感知作为一个重要的调节变量，可能会对心流体验的中介效应产生影响。换言之，随着奖励感知水平的变化，共存临场感对心流体验的影响程度可能会发生变化，从而影响消费者的冲动购买意愿。同样地，本书还假设共存临场感能够通过影响消费者的信任感，进而对冲动购买意愿产生作用。在这一过程中，奖励感知也可能对信任的中介效应产生调节作用，即随着奖励感知水平的变化，共存临场感对信任的影响程度可能会发生变化，从而影响消费者的冲动购买意愿。

基于以上分析，本书提出假设：

假设 8：心流体验在共存临场感对冲动购买意愿的影响中起到中介作用。

3.2.9 打赏意愿的调节效应

针对奖励意愿的研究，目前主要聚焦于非情境因素，如自由心理学、信息质量和知觉行为控制等。尽管已有研究探讨了情境因素对消费者品牌选择行为的影响，但关于情境因素如何影响消费者奖励意愿的研究仍显不足。特别是在直播购物这一新兴消费模式中，消费者的奖励意愿如何调节共存临场感对心流体验和信任的影响，以及这些影响如何进一步作用于消费者的冲动购买意愿，尚待深入探究。先前的研究在探讨共存临场感、心流体验、信任与冲动购买意愿之间的关系时，未将奖励意愿作为调节变量进行考察。因此，本书旨在探讨在不同奖励意愿水平下，心流体验和信任在共存临场感与冲动购买意愿之间的中介作用是否会有所不同。具体而言，本书将研究共存临场感如何通过影响心流体验来间接影响消费者的冲动购买意愿，并探讨奖励意愿在这一过程中的调节作用。同时，本书还将分析共存临场感如何通过影响信任来间接影响消费者的冲动购买意愿，并考察奖励意愿在这一路径中的调节作用。

基于以上分析，本书提出假设：

假设 9：信任在共存临场感对冲动购买意愿的影响中起到中介作用。

4. 案例研究

为了深入探究本书中变量间的相互关系，并构建清晰的理论框架，本书在广泛阅读和梳理相关文献的基础上，进一步采用了访谈法来收集实证资料。在营销学研究中，访谈法和文献研究法都是不可或缺的资料收集手段。其中，文献研究主要侧重于对已有研究成果的梳理和整合，从而获取丰富的二手资料；而访谈法则更加注重直接从受访者那里获取一手的、真实的研究资料。鉴于本书重点聚焦于消费者的在线购物行为，这一行为在当前社会已经变得极为普遍，因此可供选择的访谈对象范围广泛。大多数消费者都能够清晰地描述自己的在线购物行为，这为访谈研究提供了良好的条件，有助于获取准确、有效的数据，从而确保访谈效果达到最佳。通过综合运用访谈法和文献研究法，本书旨在构建一个全面、系统的理论框架，以便更好地揭示消费者在线购物行为背后的动机、影响因素及其与变量之间的复杂关系。这将为营销学领域的相关研究提供新的视角和思路，同时也为企业制定更加精准的营销策略提供理论支持。

4.1 访谈的目的

本书的核心目的在于通过深度访谈的方式，收集原始数据，为提出的理论框架和研究假设提供实证支持。具体而言，本书旨在探讨以下几个关键问题。首先，通过深度访谈消费者，验证“共存临场感、打赏意愿、打赏感知、信任、心流体验与冲动购买意愿”这一核心问题在当前我国消费者的在线购物行为中是否存在，并深入探究这些变量之间的关系及其作用机制。其次，期望通过访谈数据与已有文献的对比，验证前人研究中关于这些变量之间关系的发现是否在本书样本中同样存在，从而丰富和拓展现有理论。此外，本书还希望通过深度访谈，深入探索在网络直播这一特定情境下，打赏感知与打赏意愿之间的相互作用及其影响机制。最后，本书将关注消费者共存临场感、打赏意愿、打赏感知、信任、心流体验与冲动购买意愿的水平，以期了解这些因素在消费者在线购物行为中的实际表现和影响。

4.2 访谈的形式

本书采用半结构化访谈法作为主要的数据收集手段，这种方法在访谈过程中展现出高度的灵活性，为访谈者和受访者创造了一个相对宽松的交流环境，以减少不必要的约束。鉴于消费者在线购物行为的复杂性和多样性，半结构化访谈法显得尤为适用。因为经常进行在线购物的消费者通常具备较强的自我表达能力和独立思考能力，能够很好地适应这种访谈方式。通过制订一个简明扼要的采访提纲，本书为受访者提供了一个自由表达观点和感受的平台。这种开放式的交流方式有助于发现新的研究问题和变量，从而丰富和深化对消费者在线购物行为的理解。此外，半结构化访谈法还有助于消费者更加客观地描述自己的购物经历和感受。通过受访者的叙述，研究者可以更加深入地了解消费者的心理和行为动机，从而发现与研究主题相关的新变量。这种方法不仅提高了研究的深度和广度，还为后续的数据分析和理论构建奠定了坚实的基础。

4.3 访谈的提纲

本书邀请了5位专家，在访谈研究目的的基础上讨论、确定了半结构化访谈的提纲，其中包括两位营销学博士，两位社会学博士，一位社会学研究员。具体的访谈提纲包含共存临场感、打赏意愿、打赏感知、信任、心流体验与冲动购买意愿六个方面，具体问题如下。

共存临场感：您观看直播时感受到与主播以及其他消费者在同一时空了吗？

那是什么让您有这种感觉？这种感觉具体是什么？

打赏意愿：您在观看直播时打赏过主播吗？什么原因促使您打赏主播？会在今后直播购物中打赏主播吗？您打赏的原因是什么？

打赏感知：您会留意直播购物过程中他人的打赏吗？如果您注意到了，是什么原因使您注意的呢？您的理由是什么？

信任：您在直播购物的过程中对主播售卖产品的信任程度如何？是什么让您产生了这种信任？您信任主播以及主播产品的理由是什么？

心流体验：您觉得您观看直播快乐的理由是什么？为何观看直播让您觉得时间加速流逝？

冲动购买意愿：您有过这样的情形吗？之前并没有计划要买什么东西，只是在浏览了购物网站之后，突然对某一种产品产生兴趣，当时就有想买的冲动，或者直接就购买了。如果有的话，您能描述一下当时的具体情况吗？

在采访伊始，受访者就被告知，其正参与一项针对网络购物领域的营销研究。本书保证，其回答内容将不会对个人产生任何不利影响，因此可以畅所欲言，无须顾虑。同时，本书鼓励受访者以开放的态度回应问题，自由表达自身观点与想法，而不仅限于回答采访者所提的问题。在实际采访过程中，提纲所列的问题可能并不会逐一提出。访谈者将根据受访者的回答情况，灵活调整问题的表述方式以及提问顺序。本书的目标是创造一个轻松、无压力的交流环境，使受访者能够流畅、连贯地表达自身观点。

本书选择多案例研究方法，相较于单案例研究，多案例研究遵循复制逻辑的原则，因此其研究结论更具说服力和普适性。基于这一原则，本书的研究设计采用多案例研究。通过运用多案例的复制逻辑，本书精心挑选了 25 位网购消费者作为研究样本。这些消费者的共同点，如网购时的共存感受、打赏意愿、打赏感知以及心流体验和信任如何最终促成冲动购买意愿，是本书的重点探讨内容。之所以选择这 25 名消费者，是因为他们不仅具有网购经历，而且涵盖了不同类型的产品购买。同时，这些消费者在年龄、职业和月收入等方面均具有一定的代表性。尽管他们在网络购物行为上存在差异，但作为一个群体，他们展现了相似的特征。因此，本书在选取样本时，充分考虑了消费者的年龄、职业和收入分布，旨在选择具有代表性的样本，从而使研究结论更具一般性。以下是具体的样本分布情况。

本书的调研过程分为两个阶段：初步调研和深度调研。整个调研的时间范围覆盖了 2021 年至 2022 年，在初步调研阶段，本书的研究团队向消费者清晰地阐述了调研的目的和意图。基于消费者的个人信息，本书精心挑选了具有代表性的案例，以确保其与研究主题高度契合。进入深度调研阶段，本书与受访者展开了更为深入和细致的交流。在每次访谈结束后，本书立即对收集到的资料进行整理和分析，并通过小组讨论的形式对涉及的核心概念进行深入探讨。为了确保对消费者网购行为的全面了解和精准把握，同时为研究者提供足够的时间对数据进行深入的整理、消化和吸收，本书对每位受访者进行了多次的追踪调研。通过这些努力，本书获得了丰富而翔实的调研数据。基于这些数据，本书识别出了主要的核心问题，并在后续的访谈中进行了进一步的验证和探讨（见表 4–1）。

表 4-1 访谈信息

调研访谈的详细信息表						
受访消费者编号	访谈时间	性别	年龄	职业	学历	月均可支配收入
1	156 分钟	女	36 岁	个体业主	本科	5000 元以上
2	140 分钟	女	28 岁	企事业单位在职人员	本科	3000–5000 元
3	160 分钟	男	35 岁	企事业单位在职人员	本科	5000 元以上
4	120 分钟	女	38 岁	企事业单位在职人员	大专	3000—5000 元
5	132 分钟	女	21 岁	学生	本科	1000—3000 元
6	86 分钟	女	16 岁	学生	高中	1000 元以下
7	75 分钟	女	29 岁	个体业主	硕士	5000 元以上
8	90 分钟	女	26 岁	企事业单位在职人员	本科	3000—5000 元
9	68 分钟	男	32 岁	个体业主	本科	5000 元以上
10	60 分钟	女	42 岁	企事业单位在职人员	本科	5000 元以上
11	90 分钟	男	19 岁	学生	本科	1000—3000 元

（续表）

受访消费者编号	访谈时间	性别	年龄	职业	学历	月均可支配收入
12	120 分钟	女	25 岁	企事业单位在职人员	本科	3000—5000 元
13	76 分钟	女	45 岁	个体业主	本科	5000 元以上
14	60 分钟	女	23 岁	学生	本科	3000—5000 元
15	90 分钟	男	19 岁	学生	专科	1000—3000 元
16	70 分钟	女	24 岁	企事业单位在职人员	本科	3000—5000 元
17	66 分钟	男	15 岁	学生	高中	1000 元以下
18	80 分钟	女	17 岁	学生	高中	1000 元以下
19	76 分钟	女	38 岁	个体业主	硕士	5000 元以上
20	55 分钟	女	24 岁	企事业单位在职人员	本科	5000 元以上

本书遵循探索式研究方法的编码逻辑，运用开放式编码技术对案例数据进行深入剖析。在此过程中，本书以初步构建的研究框架为参照，独立对每个案例的文档进行编码，旨在识别具体概念及其间的逻辑关系。首先，运用复制逻辑的方法，对各个案例的编码结果进行提炼、比较和验证，过程中辅以图表工具，以助于比较分析；然后，通过理论与数据间的迭代过程，对编码结果进行深入分析和解释。具体而言，研究首先根据资料来源对案例数据进行一级编码，以确保数据的准确性和完整性。在此基础上，以核心概念为指导，将战略风险类型和风险控制机制的核心要素进行概念化处理，形成二级编码。这些核心概念为分析提供了清晰的框架和指引。最后，对二级编码进行进一步分类，以识别案例企业在突破组织惯性和形成新惯例过程中所面临的战略风险具体类型及其相应的风险控制措施，从而形成三级编码（见表 4–2，表 4–3）。

表 4-2 编码表

数据来源	数据分类	编码					
		共存临场感	打赏意愿	打赏感知	心流体验	信任	冲动购买意愿
一手资料	通过数据访谈获得资料	A1	B1	C1	D1	E1	F1
	通过非正式访谈获得资料	A2	B2	C2	D2	E2	F2
	通过直播间获得资料	A3	B3	C3	D3	E3	F3

表 4-3 证据事例表

核心概念	条目	证据事例（典型引援）
共存临场感	16	“当我进入直播间的时候，我就感觉到我与主播和其他一起购物的小伙伴在一起，因为我们在相同的时空”(A1,A3)
打赏意愿	18	“特别喜欢主播的风格，不管他卖货还是不卖货我都想给他刷点儿礼物”(B2)
打赏感知	21	“我特别喜欢看别人给主播刷礼物，主播回复也特别有意思”(C1,C2)
心流体验	15	“我特别能感受到主播说还有多少单要抢时候的感觉，我就加速点击屏幕”（D3）
信任	17	“在一些官方旗舰店里购物就很放心啊，质量有保证”（E1,E3）
冲动购买意愿	22	“我现在都不怎么敢去逛购物的直播间，我进去了就想购物啊”（F2,F3）

4.4 访谈研究的结果

4.4.1 直播购物中的共存临场感

提升消费者对线上信息的信任度和加剧评价顾虑是推动线上从众消费行为的关键。这一现象在在线消费环境中尤为常见，已有学者对其背后的认知心理机制进行了深入研究，主要聚焦于信息性影响和规范性影响两个方面。然而，在直播营销这一新兴背景下，消费者的互动体验得到了前所未有的提升。在直播营销中，消费者能够实时观察他人的评论和行为，同时，他们的评论和行为也被其他消费者所观察。这种实时互动和立体展示不仅增强了消费者的参与感，也让他们产生一种身临其境的购物体验。在这样的环境中，消费者的社会临场感得到了显著增强，从而更加倾向于依赖口碑线索进行决策，并进一步推动从众消费行为的发生。

在电商直播环境中，消费者一旦进入直播间，就会立即接触到一系列信息元素，包括进行商品介绍的主播、直播间内的实时消费者人数、新进入的消费者以及弹幕评论中展示的用户账号名称等。这些元素共同构成了直播间的社交环境，为消费者创造了一种与他人共同观看直播的感知。主播通过视觉呈现和口头交流的方式，有效地引导消费者感受到与直播间环境的紧密联系，从而增强其临场感。根据社会助长理论，他人的存在往往能够激发个体的注意力和参与度，促使消费者形成群体效应和从众行为。在电商直播的情境中，当消费者感知到其他人的存在和陪伴时，他们更有可能持续停留在直播间，与其他消费者一同聆听主播的商品介绍，并参与弹幕讨论。

在直播环境中，行为可视性与信息可视性成为塑造消费者体验的关键因素。通过这些功能，消费者能够实时观察到其他消费者的互动行为，如关注、点赞以及赠送虚拟礼物等，这些行为不仅传递了信息，更在一定程度上揭示了消费者的情绪状态。主播，作为直播间的核心人物，其影响力不容忽视。他们通过巧妙地调控直播间的氛围，使消费者沉浸在一个愉悦的环境中。不仅如此，主播还善于运用诸如“家人们”“宝宝们”等温馨的称呼，与消费者建立起一种独特的互动关系，营造出一种亲密而又归属的氛围。这种氛围的存在，使得消费者更愿意与主播以及其他消费者建立深层次的社交联系。值得注意的是，情感临场感在直播环境中扮演着至关重要的角色。相较于交流临场感和共存临场感，情感临场感能够更深入地触及消费者的心理层面，激发他们对主播和其他消费者的亲切感与归属感。这种情感上的联系不仅增强了消费者的观看体验，而且也对其浏览行为和消费决策产生了深远的影响。因此，在直播环境中，主播和平台运营者都需要高度重视情感临场感的营造，以便更好地吸引和留住消费者，实现商业价值的最大化。在直播环境中，消费者的主动参与行为并未受到显著影响。这一现象的潜在原因可能源于交流临场感在直播过程中的作用。交流临场感，主要体现为主播对消费者提问的及时性和响应性，以及消费者在直播空间内自由对话的程度。这种高度的交流临场感为消费者提供了丰富的信息线索。对于那些有明确信息获取目标的消费者，如了解主播或产品信息，这种交流临场感能够引发他们的心流体验和沉浸感。在这种状态下，消费者更容易参与如阅读弹幕、听取产品介绍等直播活动。然而，只有当消费者感到自己与主播以及其他消费者存在某种相似性，并真正将自己视为直播空间的一部分时，他们才会选择更为主动的行为，如关注主播、参与讨论等。因此，尽管交流临场感未能直接影响消费者的主动参与行为，但它通过增强消费者在直播空间中的认同感，间接地促进了主动参与行为的发生。这一发现对于理解直播环境中消费者行为的影响因素，以及优化直播体验具有重要意义。

4.4.2 直播购物中的冲动购买意愿

在深入研究当前直播营销环境后，本书发现消费者在此环境下极易受到冲动购买的影响。品牌商在实施直播营销策略时，往往会利用这一点，通过精心设计的营销活动来激发消费者的冲动购买行为，从而实现营销目标。 在这一过程中，消费者的情绪扮演了至关重要的角色。在直播营销中，消费者不仅关注产品的物质价值，更追求购买过程中的情感体验。情绪，作为一种内在的心理状态，对消费者的购买决策产生了显著的影响。冲动购买行为通常是在强烈的情绪反应下触发的，此时消费者的情绪会超越其认知控制。当消费者在直播营销的刺激下感受到兴奋、快乐、愉悦等积极情绪时，他们可能会采取购买行动来进一步体验和表达这些情绪。通过访谈研究，本书发现部分消费者在直播营销活动中会产生强烈的购买欲望。为了维持这种积极的心理状态，他们可能会迅速作出购买决策，而不会过多地考虑相关信息或进行深思熟虑。因此，品牌商在直播营销中应该充分关注消费者的情绪变化，通过创造积极的情绪体验来激发消费者的冲动购买行为。

在直播营销环境中，由于商品促销力度大、主播的专业认可度高以及参与者受从众心理影响，消费者面临的购买决策环境常常带有较低风险和较小潜在损失的特点。在这种情况下，一方面，消费者的积极情绪倾向于促进“谨慎乐观主义”的决策模式，即使面对可能的较大损失，部分受访者仍能展现积极的决策倾向，如品牌转换和体验型决策，这些倾向可能进一步激发消费者的冲动购买意愿。另一方面，考虑到部分消费者在直播购物时受到时间限制的影响，他们的决策时长相对较短，导致高时间压力对情绪状态产生显著影响。部分受访者提到，这种时间压力提升了他们的唤醒水平，进而抑制了认知加工过程，加剧了情绪反应。这种情绪化的决策过程进一步强化了直播营销中常见的低卷入—情感型产品的冲动购买意愿。

4.4.3 直播购物中的心流体验

经案例研究证实，心流体验中的愉悦感和专注感能够有效提升消费者的冲动购买意愿。因此，对于电商直播平台和主播而言，打造能够激发消费者愉悦感和专注感的直播环境，同时降低消费者的控制感，是提升冲动购买意愿的关键。为了实现这一目标，直播内容和形式的创新和高度互动性显得至关重要。只有持续为消费者带来新颖有趣的体验，才能确保消费者的注意力始终集中在直播中，从而有效地推广商品并激发冲动购买意愿。在提升消费者愉悦感方面，电商直播平台应精心选择符合消费者认知的品牌和调性相符的主播。主播的个人魅力和专业性对于营造愉悦氛围至关重要。同时，定期或不定期的福利和折扣活动也能够有效提升消费者的参与度和购买意愿。为了降低消费者的控制感，电商直播平台应不断提升算法能力，以确保向消费者推送的内容与其兴趣点紧密相关。通过深入了解消费者的喜好和需求，为不同消费者群体提供个性化的服务和营销方案，能够在降低控制感的同时提升购买转化率。

商家在营销活动中，常常运用诱导性和情感化的言辞，以构建与消费者之间的情感纽带，进而降低消费者的防御心理，削弱其控制感。经过多年的培育，电商直播已成为商家竞相追逐的营销新宠。在构建直播内容时，商家应当积极拓展产品品类，精准划分目标消费群体，并根据不同时段的消费者需求进行灵活的销售策略调整。为了打造具有吸引力和竞争力的直播间，商家在内容创作上必须敢于创新，输出具有差异化和高品质的内容。同时，对于主播的选择和直播流程的设计，也需要进行严格的管理和把控，以确保直播内容的专业性和品牌特色。通过这样的策略，商家不仅能够吸引更多的消费者关注，还能够有效提升品牌形象，实现营销目标。

4.4.4 直播购物中的信任

经过一系列深入的研究访谈，本书发现信任在电商直播中发挥着至关重要的作用。当消费者对主播建立起信任，他们往往会将主播视为值得依赖的购物指导者。在电商直播的生态环境中，主播不仅是商品的展示者，更是与消费者建立深厚关系的核心营销角色。部分消费者明确指出，信任是主播与消费者互动交流的基石。主播需要通过精心策划的内容管理、创新的商品展示方式以及优质的服务提供，强化与消费者之间的信任纽带。通过积极利用实时消费者动态信息，主播可以提升直播间的互动氛围，激发消费者的参与热情。同时，主播还应关注那些未参与互动的消费者，与他们进行场景化的对话，从而确保互动的全面性、即时性和有效性。

经过深入的消费者访谈与案例分析，本书发现，成功的直播带货主播都具备一项核心能力，他们精准地把握了消费者的心理、习惯和需求。这些主播不仅为消费者提供及时的产品推荐，满足他们当前的购物需求，还能够预见并满足他们未来可能的需求。在这一过程中，他们不仅成为消费者购物的朋友和指南，更与消费者建立了亲密友好的社交关系，使消费者对他们产生了深厚的信任感、认同感和归属感。值得注意的是，大多数消费者都强调，直播间所强调的“物美价廉”的高性价比是他们选择购买的重要因素。因此，主播在直播过程中应坚守真实宣传的原则，确保所宣传的产品信息准确无误，并始终将消费者的利益放在首位。只有这样，主播才能赢得消费者的信任和追随，从而建立起长期稳定的消费者关系，提高消费者的忠诚度。此外，主播在直播过程及现实生活中应努力塑造诚信、亲和力和积极正面的形象，通过展现个人魅力和特质，提升自己在消费者心中的辨识度。这样，主播才能将公共流量有效转化为私域流量，以吸引更多长期稳定的忠实消费者。这一策略不仅有助于主播在竞争激烈的直播带货市场中脱颖而出，而且更能为他们的职业发展奠定坚实的基础。

4.4.5 直播购物中的打赏意愿与打赏感知

首先在网络直播购物的语境中，观众所采取的打赏行为，实则是情感消费的一种鲜明体现。这种行为不仅彰显了观众对于直播内容的热爱与支持，而且更在一定程度上反映了其情感投入的深度与真挚。透过打赏这一行为，观众在体验特定文化身份的同时，也获取了与之相应的情感满足，这种满足来源于对直播内容的共鸣与认同。深入分析这一行为，可以发现其中蕴含了人类最基础的爱恨情感以及由此衍生出的焦虑、嫉妒等更为复杂的情感。尽管在某些情况下，观众的打赏决策可能受到理性考量的影响，但在强烈的情感驱使下，这些所谓的理性决策往往显得不堪一击。实际上，许多看似慷慨激昂的打赏行为，其背后往往隐藏着情感因素被极度放大的现实。因此，在理解网络直播购物中的“打赏”行为时，本书不应忽视其背后所蕴含的情感因素，而应全面、深入地探究其动机与影响。

其次，在深入探讨网络直播购物现象时，本书不得不提及打赏这一行为。它作为一种市场化的替代方式，满足了观众在虚拟空间中的情感需求，揭示了社会转型期间个体情感获取方式所经历的深刻变革。 在社会转型的大背景下，传统的情感获取途径受到了强烈的冲击，情感本身开始呈现出市场化的趋势。个体不再仅仅依赖传统的人际关系来满足情感需求，而是更倾向于通过消费来寻求心灵的慰藉。在虚拟世界中，这种情感消费的现象尤为明显，甚至在一定程度上取代了传统的人际交往方式。

最后，本书认为网络直播购物中的打赏行为及其情感动因在很大程度上是经过精心设计和策划的。直播平台、经纪公司等资本和技术持有者，通过精心策划的运营策略和巧妙的设计，将情感元素巧妙地融入销售型主播的情感劳动中。这些被情感化的商品随后被销售给观众，从而实现了情感的经济化价值转换。实质上，观众的打赏行为就是对这些情感化商品的购买行为。随着资本和技术的持续介入，原本富有深度和人文内涵的情感体验逐渐降格为肤浅的刺激和快感。在这个过程中，情感在商品生产中开始发生异化，并逐渐沦为追求资本利润的主要驱动力。这种现象值得我们深思，它揭示了商品生产中情感元素的复杂性和现代资本逻辑下情感的贬值趋势。

打赏现象源于直播供需的交汇点，这实质上构成了一个市场，即生产者与消费者相遇的场所。市场制度作为社会制度的缩影，其内部生产者与消费者关系的构建成为社会学研究的焦点。在网络直播的语境下，打赏行为所形成的市场具体表现为网络直播间，而其消费行为的分析则至关重要，消费行为并非孤立存在，而是受到多种内外因素的共同影响，尽管个体的消费心理因素各异，但这些心理因素背后的内外因素却具有普遍性，这些因素的相互作用共同塑造了个体的消费心理，进而影响了打赏行为的发生和发展。

在直播环境中，打赏行为已逐渐深化为一种更为复杂的消费行为，这反映了直播供需双方特殊的互动模式。产品多是生产流程的直观成果，而服务或服务行为则更倾向于展示生产者与消费者间的互动。这种服务模式在直播中为生产者与消费者建立了一个交互的平台，让双方在实时环境中能够进行沟通与反馈。在直播的线上线下互动中，主播与消费者之间、消费者与消费者之间的信息分享占据了至关重要的地位。这种信息分享不仅加强了消费者间的社交联系，而且显著地推动了打赏行为的发展。然而，值得注意的是，先前的研究在很大程度上忽视了与打赏行为并行的社交互动过程，这为本书的研究提供了更为广阔的探索空间。因此，本书深入探讨直播环境中打赏行为与社交互动之间的内在联系，以期对现有的研究作出重要贡献。期待通过本研究，能更深入地理解打赏行为背后的动因，以及社交互动如何推动其在直播环境中的发展。这将为理解直播经济的运作机制提供新的视角，并为未来的研究提供有价值的参考。

在现代社会中，新媒体以其互动性和个性化传播方式，与人们的生活和消费观念形成了高度契合。这种新型传播模式不仅满足了人们物质层面的需求，更在精神层面为消费者提供了丰富的认同感和满足感。特别值得一提的是，互动分享的元素在很大程度上激发了消费者对主播进行打赏的意愿。当消费者的基本物质需求得到满足后，他们开始寻求更高层次的精神满足。这种追求在新媒体平台上得到了充分体现，消费者与主播之间形成的趣缘群体，在频繁的社交互动中，不仅增强了消费者的精神满足和价值认同，还进一步提升了他们对主播的忠诚度和持续消费力。 这些趣缘群体并非一成不变，而是随着时间和互动的发展而不断演变。在这一过程中，消费者和主播能否共同成长，成为影响群体发展的关键因素。因此，在这一新的发展阶段，打赏行为已经超越了简单的低级别、非理性的层面，消费者开始更加理性地思考打赏的成本与效益关系以及这种行为对主播的实际收益和长期发展所带来的影响。这种转变不仅体现了消费者消费观念的成熟，也为新媒体平台的可持续发展注入了新的活力。

4.5 访谈研究小结

在访谈研究中，研究者经过深入调查与文献回顾，结合多位专家的独到见解，精心设计了访谈提纲。通过一系列精心设计的访谈，研究者提炼出若干关键论点，这些论点对于构建本论文的理论框架起到了至关重要的作用。首先，通过与多位受访者的深入交流，验证了文献综述中的一些核心结论，这不仅进一步巩固了研究的主线，还为后续的分析提供了坚实的基石。这些核心线索包括“共存临场感、打赏意愿、打赏感知、信任、心流体验和冲动购买意愿”，它们共同构成了本书的核心议题。其次，基于访谈的实证结果与文献调查的深入分析，发现了打赏意愿与打赏感知作为关键的中介变量，对于理解整个现象具有不可忽视的作用。这一发现不仅丰富了理论框架的内涵，还为后续的研究提供了新的视角和启示。通过访谈研究，本书不仅对现有文献进行了深入的挖掘和验证，还发现了新的研究视角和关键变量，为构建更加完善、深入的理论框架奠定了坚实的基础。

5. 统计研究

5.1　量表编制

本书在综合文献回顾与现有量表的基础上，精心编制了一份问卷。问卷内容涵盖了共存临场感、打赏意愿、打赏感知、心流体验、信任以及冲动购买意愿这六个核心变量。为确保问卷的科学性与合理性，本书针对每个变量设计了具体的题项，并采用了李克特（Likert）五级量表进行量化评估。五级量表的选项包括：5 表示“非常同意”，4 表示“基本同意”，3 表示“一般”，2 表示“不同意”，1 表示“非常不同意”。问卷的整体结构分为两大部分。第一部分旨在收集受调查者的基本信息，包括性别、年龄、职业、受教育程度、网络使用经验年限以及月均可支配收入等，以了解受调查者的背景信息，为后续的数据分析提供基础。第二部分是问卷的主体部分，聚焦于六个核心变量的测量，通过一系列精心设计的题项，全面评估受调查者在共存临场感、打赏意愿、打赏感知、心流体验、信任以及冲动购买意愿等方面的表现。这些题项的设置旨在深入挖掘受调查者的内心感受与态度，为后续的统计分析提供可靠的数据支持。

5.1.1 共存临场感的测量

共存临场感的测量主要参考了涂志雄（2000）、申宁（2008）与冯俊（2020）的研究，在直播购物情境下设置了 5 个题目对共存临场感进行测量，具体题项见表 5-1。

表 5-1 共存临场感题项表

题号	题 项 内 容	来源
XA1	我可以感知到与我共同观看直播的消费者	涂志雄（2000）
XA2	我有一种在主播现场的感觉	申宁（2008）
XA3	观看直播让我感觉到其他消费者与主播就在我周围	冯俊（2020）
XA4	我能够感知到身临其境的购物体验	
XA5	我仿佛与其他消费者在同一空间买产品	

5.1.2 打赏意愿的测量

打赏意愿的测量借鉴了麦钱特（Merchant，2010）与叶阳（2015）的研究，基于直播购物情境中对主播的打赏意愿设置了 4 个题项，具体题项见表 5–2。

表 5-2 打赏意愿题项表

题号	题项内容	来源
WA1	我有打赏主播的打算	麦钱特（Merchant，2010）
WA2	我会在下次观看直播中打赏主播	叶阳（2015）
WA3	我会在以后观看直播的过程中打赏主播	
WA4	我会在资金充足的情况下打赏主播	

5.1.3 打赏感知的测量

打赏感知的测量借鉴了麦钱特（Merchant，2010）与叶阳（2015）的研究，基于直播购物情境中对主播的打赏感知设置了 4 个题项，具体题项见表 5–3。

表 5-3 打赏感知题项表

题号	题项内容	来源
WB1	观看直播我总会注意到有人打赏主播	麦钱特（Merchant，2010)
WB2	我会在直播中被他人刷的礼物所吸引	叶阳（2015）
WB3	我会期待有人在主播直播间刷礼物	
WB4	他人打赏主播时我更愿意购买产品	

5.1.4 心流体验的测量

心流体验的问卷，主要参考了陈洁（2018）关于消费者使用意愿基于网络购物环境下的研究，结合本书的研究问题设置了 4 个题项，具体题项见表 5–4。

表 5-4 心流体验题项表

题号	题项内容	来源
MA1	观看直播让我感觉时间过得快	陈洁（2018）
MA2	观看直播让我投入，无法做其他的事	
MA3	观看直播让我快乐	
MA4	直播会吸引我全部的注意力	

5.1.5 信任的测量

信任问卷，主要参考了梅耶（Mayer，1995）的研究。结合本书的研究问题形成了 4 个题项，具体题项见表 5–5。

表 5-5 信任题项表

题号	题项内容	来源
MB1	我所观看购物直播的信誉值得我信任	梅耶（Mayer，1995）
MB2	我所观看购物直播的产品服务值得我信任	
MB3	我所观看购物直播的专业性值得我信任	
MB4	我所观看购物直播的产品价格值得我信任	

5.1.6 冲动购买意愿的测量

冲动购买意愿问卷，参考了姜参（2014）和龚潇潇（2019）的研究。结合书文的研究问题形成了 5 个题项的问卷，具体题项内容见表 5–6。

表 5-6 冲动购买意愿题项表

题号	题项内容	来源
Y1	我总会在直播间购买本不需要的产品	龚潇潇 (2019)
Y2	我总有强烈的愿望在直播间下单购买产品	姜参 (2014)
Y3	我每次进入直播间总会购买产品	
Y4	我每次在主播介绍完产品后都想立即购买该产品	
Y5	我总控制不住地想在直播间里购买产品	

5.2 预调研分析

5.2.1 描述性统计分析

针对初步设计的问卷，本书进行了信度和效度的深入分析，以确保问卷题目的合理性和科学性。通过问卷星平台，本书成功发放了 200 份问卷，并有效回收了 167 份，问卷的回收有效率达到了 83.5%。在参与调研的受试者中，男性 85 人，占总人数的 50.90%；女性 82 人，占总人数的 49.10%。在年龄分布上，18 岁以下的受试者共有 30 人，占比 18.0%；18—24 岁的受试者共有 62 人，占比 37.10%；25—36 岁的受试者共有 29 人，占比 17.40%；36 岁以上的受试者共有 46 人，占比 27.50%。从职业分布来看，个体业主共有 32 人，占比 19.20%；企事业单位在职人员共有 59 人，占比 35.30%；其他职业共有 52 人，占比 31.10%；学生共有 24 人，占比 14.40%。在教育背景方面，高中及以下学历的受试者共有 31 人，占比 18.60%；大专学历的受试者共有 74 人，占比 44.30%；本科学历的受试者共有 52 人，占比 31.10%；研究生及以上学历的受试者共有 10 人，占比 6.00%。在网购经历方面，1 年以下的受试者共有 66 人，占比 39.50%；1—3 年的受试者共有 36 人，占比 21.60%；3—5 年的受试者共有 47 人，占比 28.10%；5 年以上的受试者共有 18 人，占比 10.80%。在月均可支配收入方面，1000 元以下的受试者共有 32 人，占比 19.20%；1001—3000 元的受试者共有 49 人，占比 29.30%；3001—5000 元的受试者共有 37 人，占比 22.20%；5000 元以上的受试者共有 49 人，占比 29.30%（见表 5–7）。

表 5-7 预调研人口统计学变量表

	频率	百分比（%）		频率	百分比（%）
性别			网络经历年限		
男	85	50.90	1 年以下	66	39.50
女	82	49.10	1—3 年	36	21.60
年龄			3—5 年	47	28.10
18 岁以下	30	18.00	5 年以上	18	10.80
18—24 岁	62	37.10	月均可支配收入		
25—36 岁	29	17.40	1000 元以下	32	19.20
36 岁以上	46	27.50	1001—3000 元	49	29.30
职业			3001—5000 元	37	22.20
个体业主	32	19.20	5000 元以上	49	29.30
企事业单位在职人员	59	35.30			
其他	52	31.10			
学生	24	14.40			
最高学历					
高中及以下	31	18.60			
大专	74	44.30			
本科	52	31.10			
研究生及以上	10	6.00			

5.2.2 信度分析

（1）总问卷的信度分析

对预调 167 份数据进行信度分析，结果显示总问卷 26 个题项的克朗巴赫系数（Cronbacha's）为 0.876，表明总问卷具有良好的信度（见表 5–8）。

表 5-8 总问卷信度分析表

	删除项后的标度平均值	删除项后的标度方差	修正后的项与总计相关性	删除项后的克朗巴赫 Alpha
XA1	86.34	144.105	0.539	0.866
XA2	86.29	144.410	0.544	0.866
XA3	86.34	143.292	0.583	0.865
XA4	86.31	143.901	0.538	0.866
XA5	86.33	143.214	0.576	0.865
WA1	86.97	149.321	0.293	0.873
WA2	86.97	148.496	0.323	0.872
WA3	86.98	148.746	0.317	0.872
WA4	87.01	149.224	0.296	0.873
WB1	86.62	150.516	0.246	0.874
WB2	86.59	150.462	0.262	0.874
WB3	86.60	149.980	0.273	0.873
WB4	86.66	149.988	0.269	0.874
MA1	86.53	146.119	0.431	0.869
MA2	86.52	144.795	0.490	0.868
MA3	86.54	145.820	0.449	0.869
MA4	86.51	145.314	0.455	0.869
MB1	86.90	145.552	0.453	0.869
MB2	86.93	145.870	0.445	0.869
MB3	86.91	146.022	0.420	0.870
MB4	86.93	145.572	0.457	0.868
Y1	86.54	144.566	0.507	0.867
Y2	86.54	144.637	0.508	0.867
Y3	86.51	145.243	0.480	0.868
Y4	86.56	145.190	0.489	0.868
Y5	86.56	144.337	0.513	0.867

（2）共存临场感的信度分析

对预调 167 份数据进行信度分析，结果显示共存临场感 5 个题项的克朗巴赫系数（Cronbacha's）为 0.839，表明共存临场感具有良好的信度（见表 5–9）。

表 5-9 共存临场感的信度分析表

	删除项后的标度平均值	删除项后的标度方差	修正后的项与总计相关性	删除项后的克朗巴赫 Alpha
XA1	15.12	9.147	0.636	0.799
XA2	15.07	9.319	0.628	0.801
XA3	15.12	9.159	0.643	0.797
XA4	15.09	9.208	0.608	0.807
XA5	15.11	9.059	0.649	0.795

（3）打赏意愿的信度分析

对预调 167 份数据进行信度分析，结果显示打赏意愿 4 个题项的克朗巴赫系数（Cronbacha's）为 0.851，表明打赏意愿具有良好的信度（见表 5–10）。

表 5-10 打赏意愿的信度分析表

	删除项后的标度平均值	删除项后的标度方差	修正后的项与总计相关性	删除项后的克朗巴赫 Alpha
WA1	9.33	6.740	0.709	0.826
WA2	9.34	6.676	0.710	0.825
WA3	9.35	6.715	0.714	0.823
WA4	9.37	6.730	0.708	0.826

（4）打赏感知的信度分析

对预调 167 份数据进行信度分析，结果显示打赏感知 4 个题项的克朗巴赫系数（Cronbacha's）为 0.717，表明打赏感知具有良好的信度（见表 5–11）。

表 5-11 打赏感知的信度分析表

	删除项后的标度平均值	删除项后的标度方差	修正后的项与总计相关性	删除项后的克朗巴赫 Alpha
WB1	10.45	5.094	0.521	0.665
WB2	10.41	5.326	0.495	0.680
WB3	10.43	5.110	0.530	0.660
WB4	10.49	5.102	0.522	0.664

（5）心流体验的信度分析

对预调 167 份数据进行信度分析，结果显示心流体验 4 个题项的克朗巴赫系数（Cronbacha's）为 0.792，表明心流体验具有良好的信度（见表 5–12）。

表 5-12 心流体验的信度分析表

	删除项后的标度平均值	删除项后的标度方差	修正后的项与总计相关性	删除项后的克朗巴赫 Alpha
MA1	10.73	6.225	0.629	0.781
MA2	10.72	6.161	0.650	0.772
MA3	10.74	6.167	0.655	0.769
MA4	10.71	6.107	0.640	0.777

（6）信任的信度分析

对预调 167 份数据进行信度分析，结果显示信任 4 个题项的克朗巴赫系数（Cronbacha's）为 0.832，表明信任具有良好的信度（见表 5–13）。

表 5-13 信任的信度分析表

	删除项后的标度平均值	删除项后的标度方差	修正后的项与总计相关性	删除项后的克朗巴赫 Alpha
MB1	9.54	5.379	0.545	0.661
MB2	9.56	5.528	0.516	0.678
MB3	9.55	5.373	0.523	0.674
MB4	9.56	5.539	0.512	0.680

（7）冲动购买意愿的信度分析

对预调 167 份数据进行信度分析，结果显示冲动购买意愿 5 个题项的克朗巴赫系数（Cronbacha's）为0.832，表明冲动购买意愿具有良好的信度（见表5-14）。

表 5-14 冲动购买意愿的信度分析表

	删除项后的标度平均值	删除项后的标度方差	修正后的项与总计相关性	删除项后的克朗巴赫 Alpha
Y1	14.24	8.323	0.577	0.724
Y2	14.23	8.395	0.567	0.727
Y3	14.20	8.605	0.522	0.743
Y4	14.26	8.561	0.541	0.736
Y5	14.25	8.515	0.531	0.740

5.2.3 探索性因子分析

本书针对26个条进行探索性因子分析，结果显示KMO=0.835，巴特莱特（Bartlett）球形检验=1693.817，p<0.001，表明适合进行探索性因素分析。以主成分方式抽取因子，基于数据抽取特征值大于1的因子共有6个，累计方差贡献率为63.082%（见表5-15）。

表 5-15 方差解释率表

成分	初始特征值			提取载荷平方和			旋转载荷平方和
	总计	方差百分比	累积（%）	总计	方差百分比	累积（%）	总计
1	6.405	24.637	24.637	6.405	24.637	24.637	4.116
2	2.400	9.233	33.869	2.400	9.233	33.869	4.002
3	2.329	8.959	42.828	2.329	8.959	42.828	3.453
4	2.198	8.453	51.281	2.198	8.453	51.281	3.839
5	1.671	6.428	57.708	1.671	6.428	57.708	3.418
6	1.397	5.373	63.082	1.397	5.373	63.082	3.444
7	0.785	3.020	66.101				
8	0.748	2.876	68.977				
9	0.718	2.761	71.738				
10	0.659	2.534	74.272				
11	0.633	2.434	76.706				
12	0.591	2.273	78.978				
13	0.576	2.217	81.195				

（续表）

成分	初始特征值			提取载荷平方和			旋转载荷平方和
	总计	方差百分比	累积（%）	总计	方差百分比	累积（%）	总计
14	0.565	2.172	83.367				
15	0.519	1.998	85.365				
16	0.496	1.906	87.272				
17	0.455	1.749	89.020				
18	0.427	1.642	90.663				
19	0.377	1.448	92.111				
20	0.375	1.441	93.552				
21	0.337	1.295	94.847				
22	0.303	1.164	96.011				
23	0.285	1.097	97.108				
24	0.271	1.043	98.150				
25	0.246	0.946	99.096				
26	0.235	0.904	100.000				

模式矩阵同样表明6因子模型比较合理，将6个因子命名为：因子1：共存临场感；因子2：冲动购买意愿；因子3：打赏意愿；因子4：信任；因子5：心流体验；因子6：打赏感知（见表5–16）。

表5-16 模式矩阵

	成分					
	1	2	3	4	5	6
XA1	0.685					
XA2	0.819					
XA3	0.829					
XA4	0.710					
XA5	0.831					
WA1			0.876			
WA2			0.792			
WA3			0.809			
WA4			0.807			
WB1						0.733
WB2						0.712
WB3						0.556
WB4						0.796
MA1					0.821	
MA2					0.792	

（续表）

	成分					
	1	2	3	4	5	6
MA3					0.752	
MA4					0.768	
MB1				0.775		
MB2				0.864		
MB3				0.723		
MB4				0.853		
Y1		0.694				
Y2		0.809				
Y3		0.693				
Y4		0.772				
Y5		0.759				

5.3 正式调研

5.3.1 正式调研描述性统计分析

对初步构建的问卷进行信度和效度分析，以评估问卷题目的合理性和有效性。本书通过问卷星平台成功发放 1300 份问卷，收回了 1135 份有效问卷，回收率高达 87.3%。在样本构成方面，男性参与者占据 53.04%，女性则占据 46.96%。年龄分布广泛，其中 18 岁以下占比 19.12%，18—24 岁占比 36.92%，25—36 岁占比 18.06%，36 岁以上占比 25.90%。职业分布方面，个体业主占比 21.32%，企事业单位在职人员占比 34.80%，其他职业占比 28.90%，学生占比 14.98%。 在学历层次上，高中及以下学历占比 19.30%，大专学历占比 41.41%，本科学历占比 36.83%，研究生及以上学历占比 2.47%。在网购经历方面，1 年以下的占比 38.59%，1—3 年的占比 20.70%，3—5 年的占比 27.67%，5 年以上的占比 13.04%。在月均可支配收入方面，1000 元以下的占比 17.80%，1001—3000 元的占比 25.64%，3001—5000 元的占比 20.53%，5000 元以上的占比 36.04%（见表 5-17）。

表 5-17 正式调研人口统计学变量表

性别	频率	百分比（%）	网络经历年限	频率	百分比（%）
男	602	53.04	1 年以下	438	38.59
女	533	46.96	1—3 年	235	20.70
年龄			3—5 年	314	27.67
18 岁以下	217	19.12	5 年以上	148	13.04
18—24 岁	419	36.92	月均可支配收入		
25—36 岁	205	18.06	1000 元以下	202	17.80
36 岁以上	294	25.90	1001—3000 元	291	25.64
职业			3001—5000 元	233	20.53
个体业主	242	21.32	5000 元以上	409	36.04
企事业单位在职人员	395	34.80			
其他	328	28.90			
学生	170	14.98			
最高学历					
高中及以下	219	19.30			
大专	470	41.41			
本科	418	36.83			
研究生及以上	28	2.47			

5.3.2 正式研究差异分析

（1）共存临场感、打赏意愿、打赏感知、心流体验、信任和冲动购买意愿在性别上的差异分析

本书运用独立样本 t 值检验方法，旨在探讨共存临场感、打赏意愿、打赏感知、心流体验、信任以及冲动购买意愿等变量在性别维度上的差异。通过严谨的数据分析，研究发现打赏意愿在性别上呈现出显著的差异。具体而言，男性在打赏意愿上的平均得分为 3.16，显著高于女性在相同指标上的平均得分 3.06。统计数据显示，t 值为 2.080，且 p 值<0.05，表明这一差异在统计学上具有显著性。然而，对于共存临场感、打赏意愿、打赏感知、心流体验、信任和冲动购买意愿等变量，研究结果显示它们在性别上并不存在显著的差异（见表 5–18）。

表 5-18 性别的差异分析表

性别		频率	平均数	标准差	t	p
共存临场感	男	602	2.11	0.41	0.909	0.363
	女	533	2.09	0.42		
打赏意愿	男	602	3.16	0.80	2.080	0.038
	女	533	3.06	0.89		
打赏感知	男	602	3.48	0.74	−0.020	0.984
	女	533	3.48	0.71		
心流体验	男	602	3.57	0.82	−0.359	0.720
	女	533	3.58	0.79		
信任	男	602	3.17	0.74	−0.856	0.392
	女	533	3.20	0.76		
冲动购买意愿	男	602	3.53	0.72	−1.198	0.231
	女	533	3.59	0.70		

（2）共存临场感、打赏意愿、打赏感知、心流体验、信任和冲动购买意愿在年龄上的差异分析

本书采用单因素方差，分析检验共存临场感、打赏意愿、打赏感知、心流体验、信任和冲动购买意愿在年龄上的差异，研究结果表明，心流体验存在显著的年龄差异，$F=2.992$，$p<0.05$。经过最小显著差异法（Least-Significant Difference，LSD）事后检验得出：36 岁以上的消费者的心流体验显著高于 18 岁以下消费者的心流体验；36 岁以上的消费者的心流体验显著高于 25—36 岁消费者的心流体验。共存临场感、打赏意愿、打赏感知、心流体验、信任和冲动购买意愿，均不存在显著年龄差异（见表 5-19、图 5-1 图 5-2、图 5-3、图 5-4、图 5-5）。

表 5-19 年龄的差异分析表

因素	年龄	N	平均数	F	p	事后比较
共存临场感	18 岁以下	217	2.113	0.190	0.903	
	18—24 岁	419	2.097			
	25—36 岁	205	2.083			
	36 岁以上	294	2.097			
打赏意愿	18 岁以下	217	3.195	1.058	0.366	
	18—24 岁	419	3.124			
	25—36 岁	205	3.085			
	36 岁以上	294	3.067			
打赏感知	18 岁以下	217	3.487	0.191	0.902	
	18—24 岁	419	3.478			
	25—36 岁	205	3.454			
	36 岁以上	294	3.503			
心流体验	18 岁以下	217	3.538	2.992	0.03	36 岁以上 >18 岁以下
	18—24 岁	419	3.567			36 岁以上 >25—36 岁
	25—36 岁	205	3.477			
	36 岁以上	294	3.684			
信任	18 岁以下	217	3.142	0.497	0.684	
	18—24 岁	419	3.174			
	25—36 岁	205	3.202			
	36 岁以上	294	3.218			
冲动购买意愿	18 岁以下	217	3.537	1.017	0.384	
	18—24 岁	419	3.528			
	25—36 岁	205	3.557			
	36 岁以上	294	3.618			

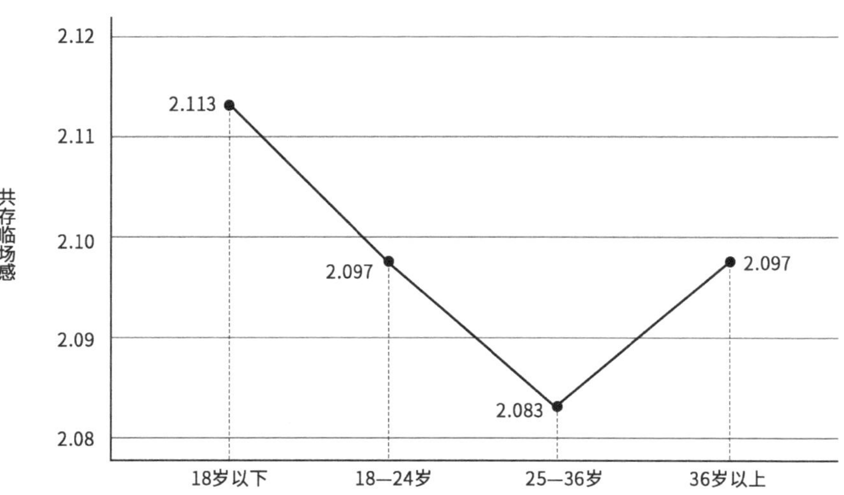

图 5-1 共存临场感 - 年龄频数分布折线图

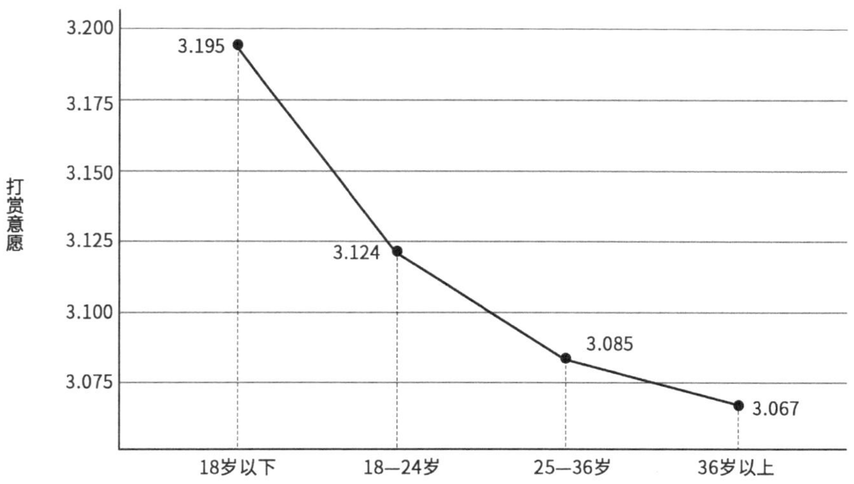

图 5-2 打赏意愿 - 年龄频数分布折线图

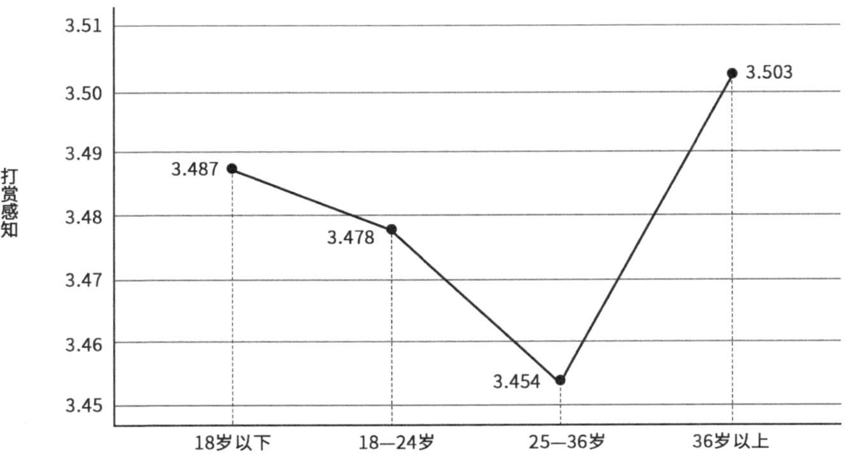

图 5-3 打赏感知 - 年龄频数分布折线图

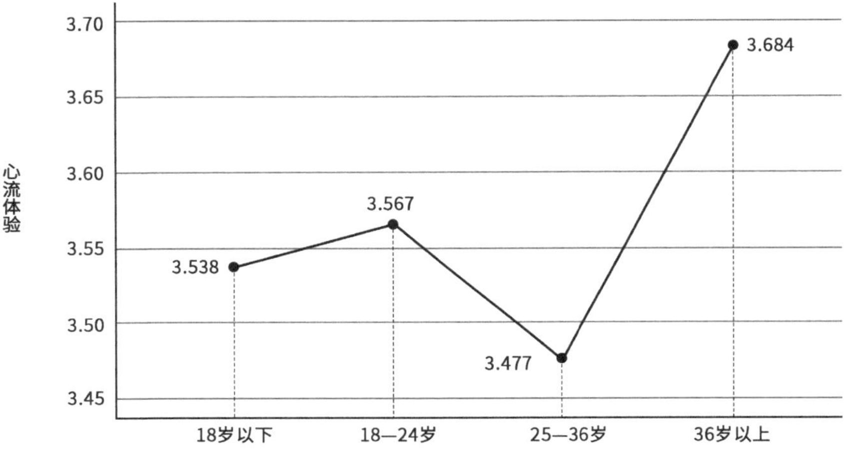

图 5-4 心流体验 - 年龄频数分布折线图

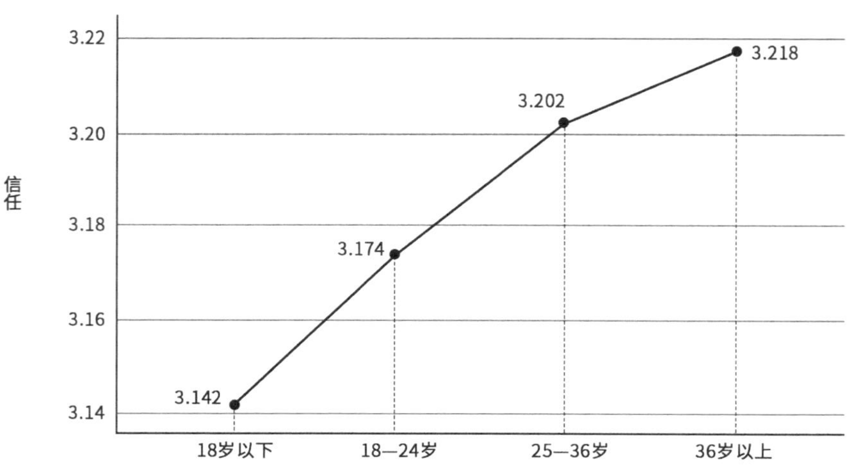

图 5-5 信任 - 年龄频数分布折线图

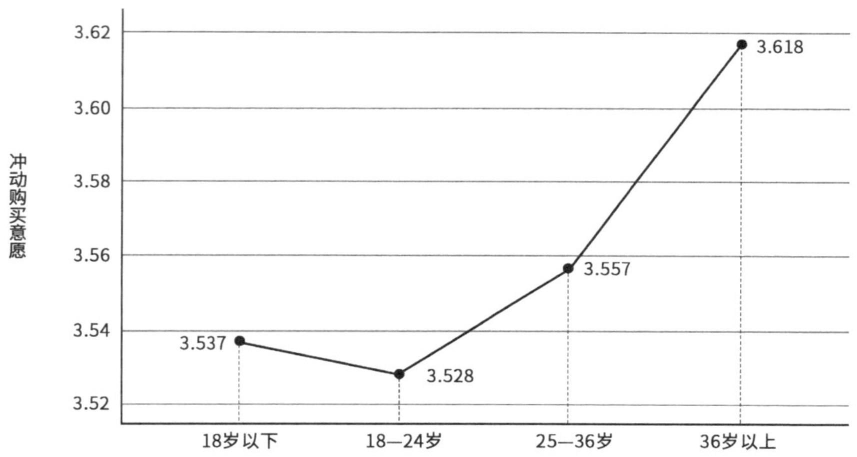

图 5-6 冲动购买意愿 - 年龄频数分布折线图

（3）共存临场感、打赏意愿、打赏感知、心流体验、信任和冲动购买意愿在职业上的差异分析本书采用单因素方差，分析检验共存临场感、打赏意愿、打赏感知、心流体验、信任和冲动购买意愿在职业上的差异，研究结果表明，共存临场感、打赏意愿、打赏感知、心流体验、信任和冲动购买意愿，均不存在显著职业差异（见表5-20、图5-7、图5-8、图5-9、图5-10、图5-11、图5-12）。

表5-20 职业的差异分析表

因素	职业	N	平均数	F	p
共存临场感	个体业主	242	2.101	0.073	0.974
	企事业单位在职人员	395	2.104		
	其他	328	2.092		
	学生	170	2.089		
打赏意愿	个体业主	242	3.192	1.217	0.302
	企事业单位在职人员	395	3.121		
	其他	328	3.094		
	学生	170	3.038		
打赏感知	个体业主	242	3.478	0.008	0.999
	企事业单位在职人员	395	3.485		
	其他	328	3.482		
	学生	170	3.476		
心流体验	个体业主	242	3.512	0.099	0.982
	企事业单位在职人员	395	3.587		
	其他	328	3.527		
	学生	170	3.732		
信任	个体业主	242	3.116	0.923	0.429
	企事业单位在职人员	395	3.192		
	其他	328	3.213		
	学生	170	3.209		
冲动购买意愿	个体业主	242	3.506	1.165	0.322
	企事业单位在职人员	395	3.547		
	其他	328	3.572		
	学生	170	3.634		

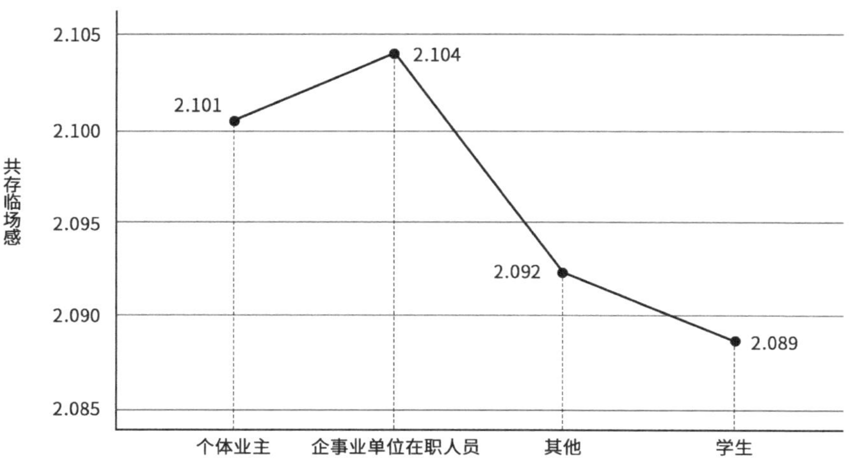

图 5-7 共存临场感 - 职业频数分布折线图

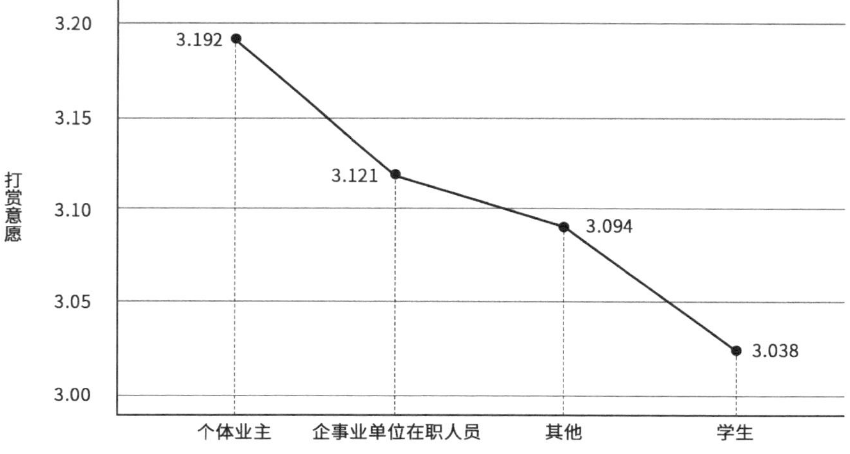

图 5-8 打赏意愿 - 职业频数分布折线图

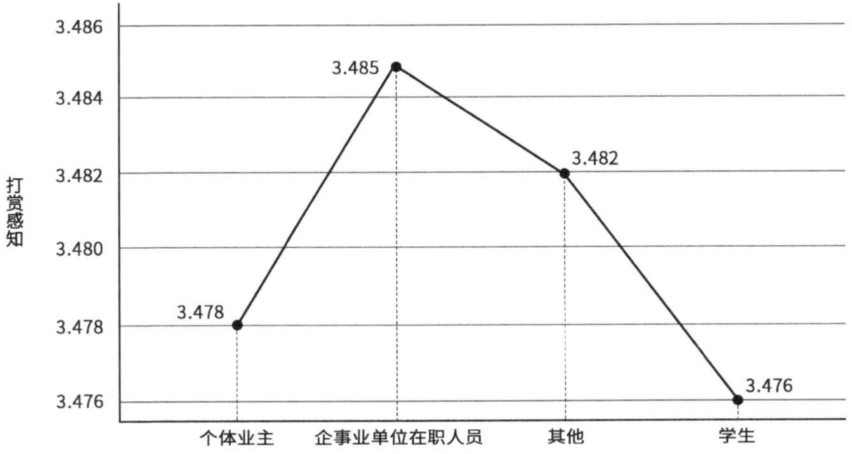

图 5-9 打赏感知 - 职业频数分布折线图

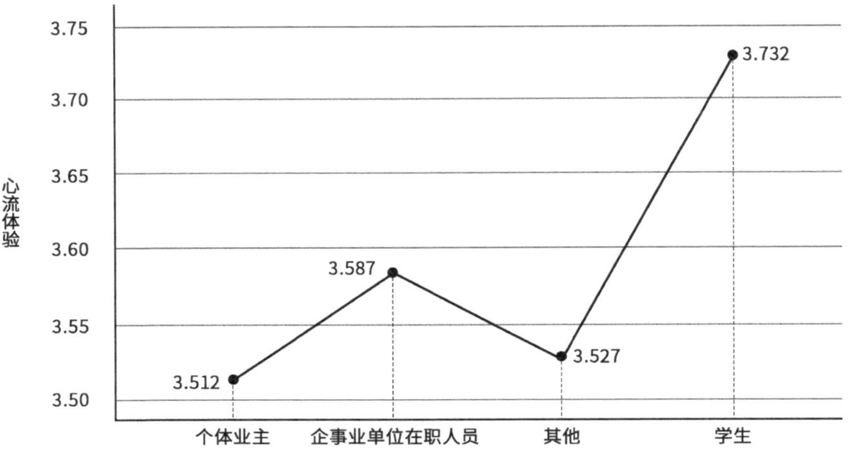

图 5-10 心流体验 - 职业频数分布折线图

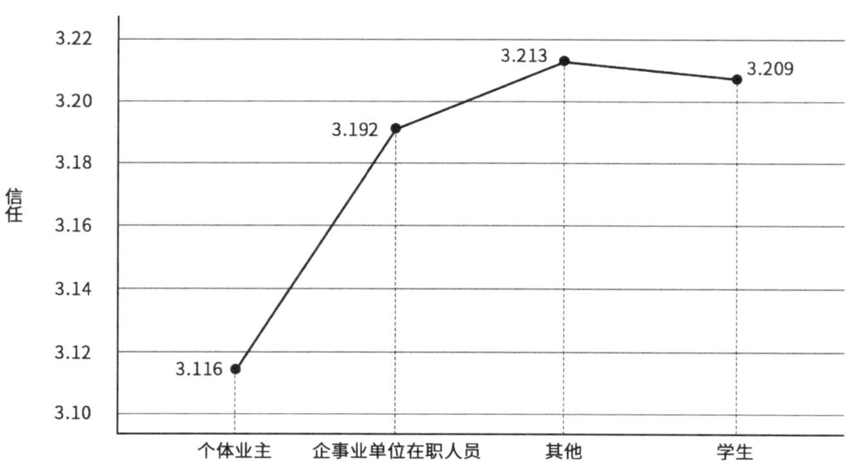

图 5-11 信任 - 职业频数分布折线图

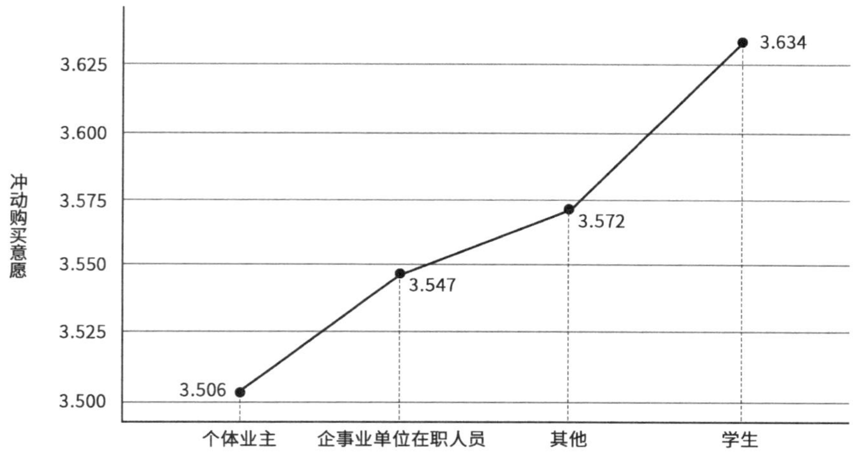

图 5-12 冲动购买意愿 - 职业频数分布折线图

（4）共存临场感、打赏意愿、打赏感知、心流体验、信任和冲动购买意愿在学历上的差异分析

本书采用单因素方差，分析检验共存临场感、打赏意愿、打赏感知、心流体验、信任和冲动购买意愿在学历上的差异，研究结果表明，共存临场感、打赏意愿、打赏感知、心流体验、信任和冲动购买意愿，均不存在显著学历差异（见表5-21、图5-13、图5-14、图5-15、图5-16、图5-17、图5-18）。

表 5-21 学历的差异分析表

因素	学历	N	平均数	F	p
共存临场感	高中及以下	219	2.112	0.439	0.725
	大专	470	2.099		
	本科	418	2.093		
	研究生及以上	28	2.020		
打赏意愿	高中及以下	219	3.191	1.715	0.162
	大专	470	3.121		
	本科	418	3.090		
	研究生及以上	28	2.839		
打赏感知	高中及以下	219	3.489	0.145	0.933
	大专	470	3.469		
	本科	418	3.496		
	研究生及以上	28	3.438		
心流体验	高中及以下	219	3.537	1.359	0.254
	大专	470	3.546		
	本科	418	3.615		
	研究生及以上	28	3.786		
信任	高中及以下	219	3.136	0.987	0.398
	大专	470	3.188		
	本科	418	3.217		
	研究生及以上	28	3.027		
冲动购买意愿	高中及以下	219	3.530	1.225	0.299
	大专	470	3.534		
	本科	418	3.609		
	研究生及以上	28	3.450		

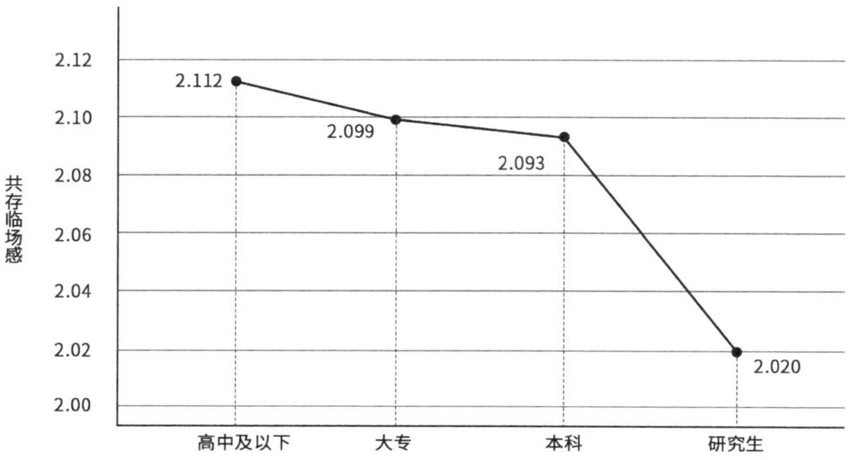

图 5-13 共存临场感 - 学历频数分布折线图

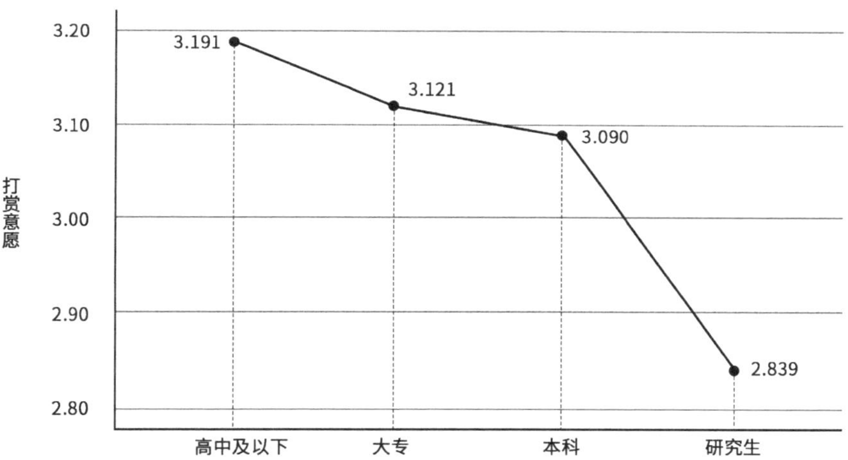

图 5-14 打赏意愿 - 学历频数分布折线图

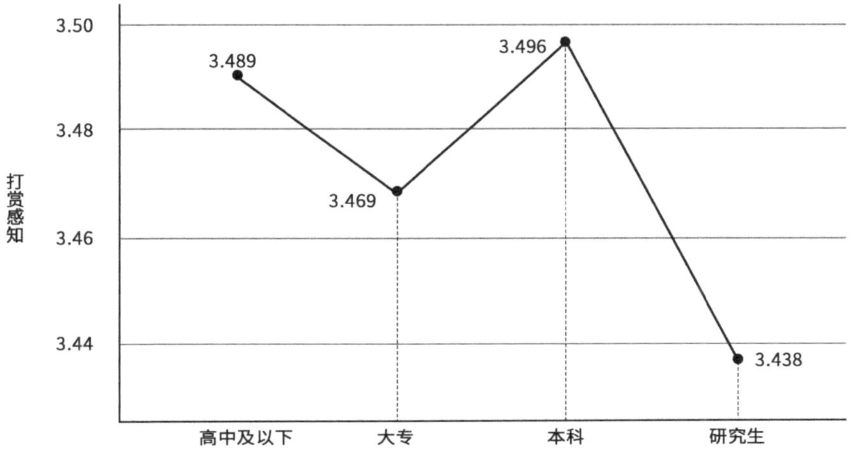

图 5-15 打赏感知 - 学历频数分布折线图

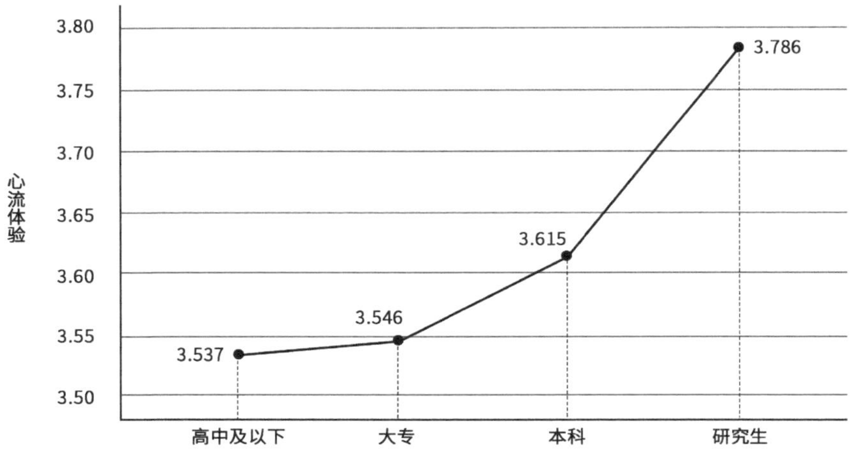

图 5-16 心流体验 - 学历频数分布折线图

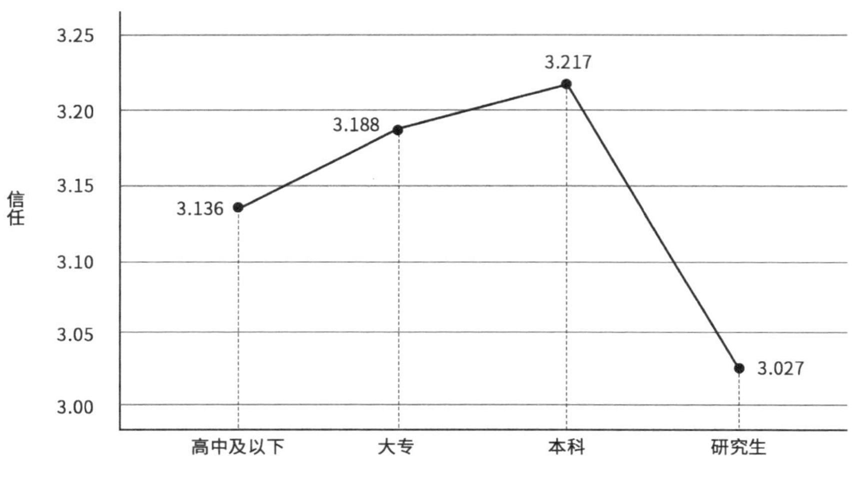

图 5-17 信任 - 学历频数分布折线图

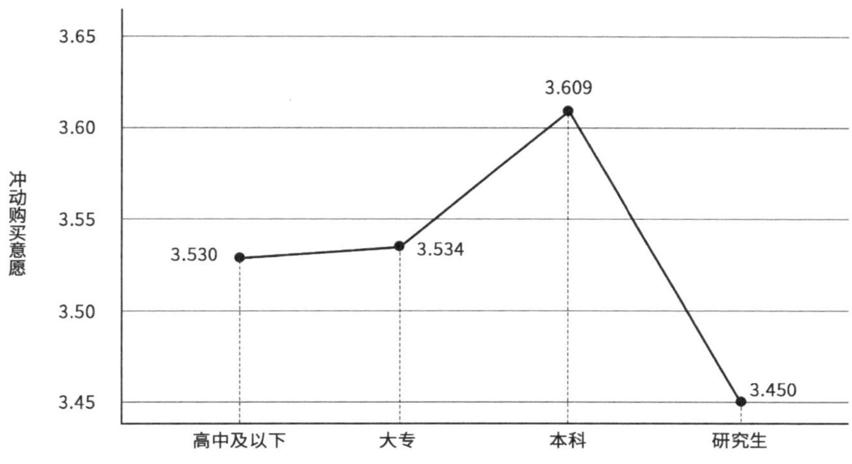

图 5-18 冲动购买意愿 - 学历频数分布折线图

（5）共存临场感、打赏意愿、打赏感知、心流体验、信任和冲动购买意愿在网购年限上的差异分析

本书采用单因素方差，分析检验共存临场感、打赏意愿、打赏感知、心流体

验、信任和冲动购买意愿在网购年限上的差异，研究结果表明，共存临场感、打赏意愿、打赏感知、心流体验、信任和冲动购买意愿，均不存在显著网购年限差异（见表 5-22、图 5-19、图 5-20、图 5-21、图 5-22、图 5-23、图 5-24）。

表 5-22 网购年限的差异分析表

因素	网购年限	N	平均数	F	p
共存临场感	1 年以下	438	2.114	0.773	0.509
	1—3 年	235	2.081		
	3—5 年	314	2.104		
	5 年以上	148	2.061		
打赏意愿	1 年以下	438	3.154	1.283	0.279
	1—3 年	235	3.139		
	3—5 年	314	3.098		
	5 年以上	148	3.003		
打赏感知	1 年以下	438	3.478	0.056	0.982
	1—3 年	235	3.484		
	3—5 年	314	3.493		
	5 年以上	148	3.465		
心流体验	1 年以下	438	3.565	2.199	0.087
	1—3 年	235	3.497		
	3—5 年	314	3.584		
	5 年以上	148	3.711		
信任	1 年以下	438	3.170	0.193	0.901
	1—3 年	235	3.179		
	3—5 年	314	3.211		
	5 年以上	148	3.179		
冲动购买意愿	1 年以下	438	3.527	0.801	0.493
	1—3 年	235	3.544		
	3—5 年	314	3.588		
	5 年以上	148	3.614		

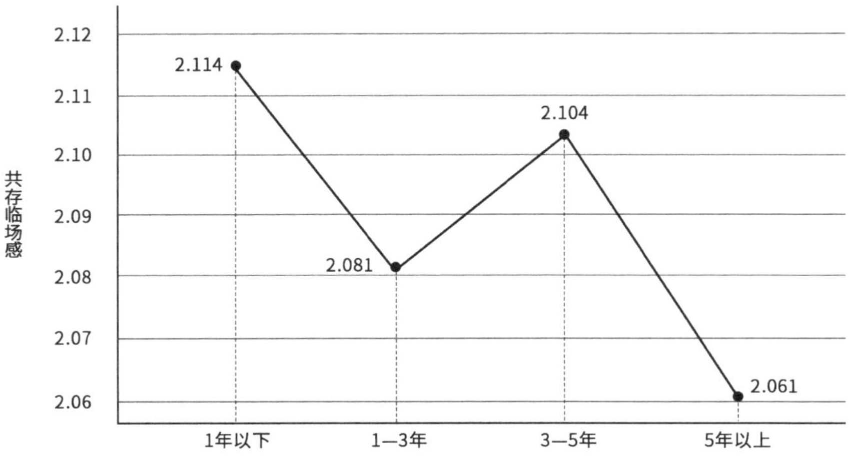

图 5-19 共存临场感 - 网购年限频数分布折线图

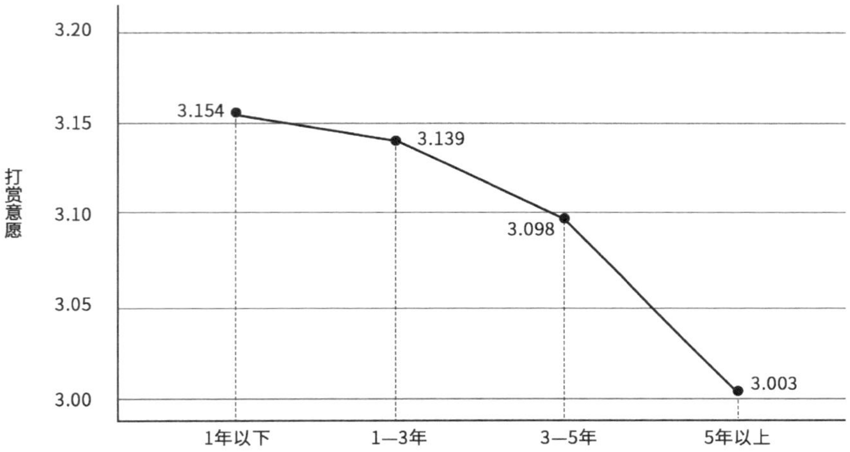

图 5-20 打赏意愿 - 网购年限频数分布折线图

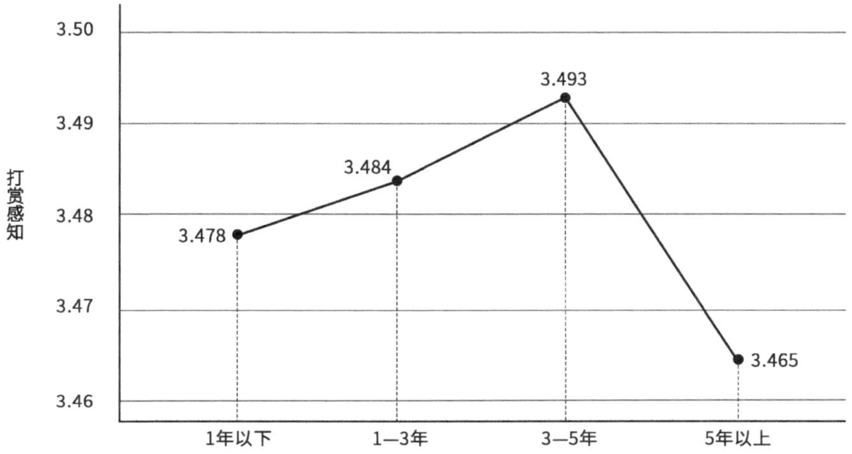

图 5-21 打赏感知 - 网购年限频数分布折线图

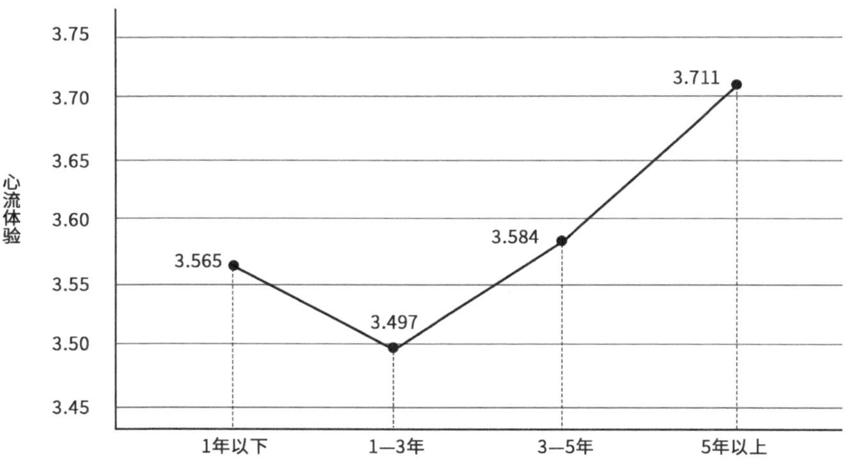

图 5-22 心流体验 - 网购年限频数分布折线图

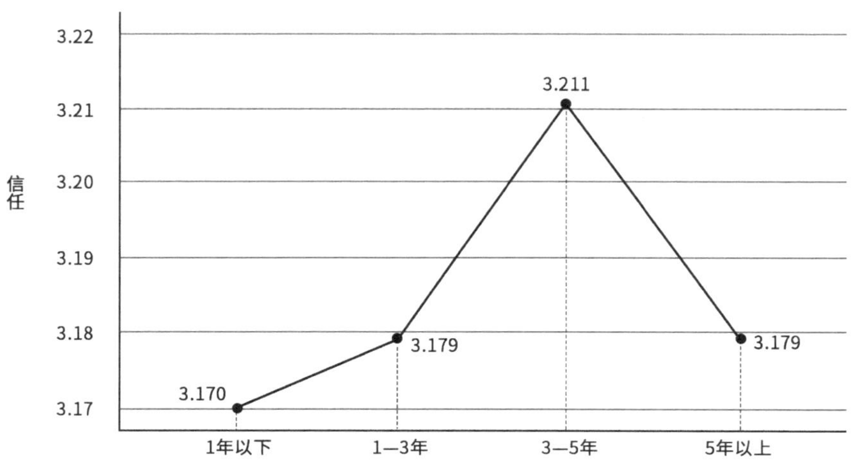

图 5-23 信任 - 网购年限频数分布折线图

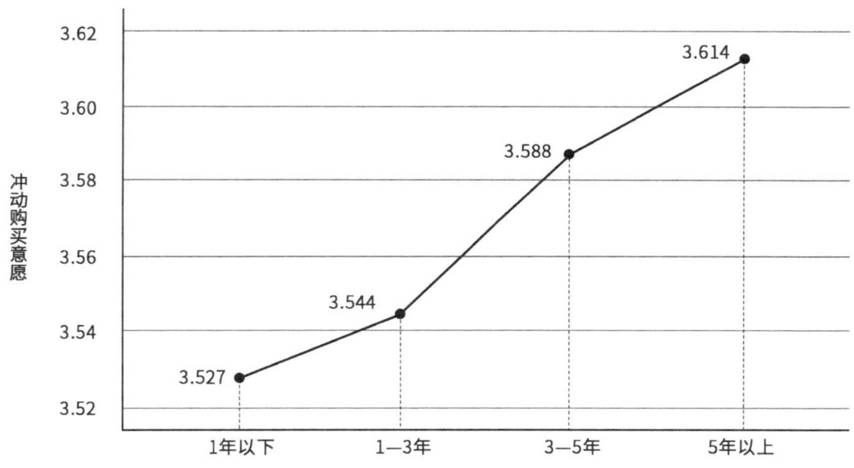

图 5-24 冲动购买意愿 - 网购年限频数分布折线图

（6）共存临场感、打赏意愿、打赏感知、心流体验、信任和冲动购买意愿在月收入上的差异分析本书采用单因素方差，分析检验共存临场感、打赏意愿、打赏感知、心流体验、信任和冲动购买意愿在月收入上的差异，研究结果表明，共存临场感、打赏意愿、打赏感知、心流体验、信任和冲动购买意愿，均不存在显著月收入差异（见表 5-23、图 5-25、图 5-26、图 5-27、图 5-28、图 5-29、图 5-30）。

表 5-23 月收入的差异分析表

因素	月收入	N	Mean	F	p
共存临场感	1000 元以下	202	2.118	0.298	0.827
	1001—3000 元	291	2.101		
	3001—5000 元	233	2.096		
	5000 元以上	409	2.085		
打赏意愿	1000 元以下	202	3.200	1.399	0.241
	1001—3000 元	291	3.151		
	3001—5000 元	233	3.079		
	5000 元以上	409	3.070		
打赏感知	1000 元以下	202	3.493	0.174	0.914
	1001—3000 元	291	3.455		
	3001—5000 元	233	3.488		
	5000 元以上	409	3.491		
心流体验	1000 元以下	202	3.546	0.721	0.539
	1001—3000 元	291	3.564		
	3001—5000 元	233	3.536		
	5000 元以上	409	3.620		
信任	1000 元以下	202	3.151	0.242	0.867
	1001—3000 元	291	3.179		
	3001—5000 元	233	3.185		
	5000 元以上	409	3.205		
冲动购买意愿	1000 元以下	202	3.544	0.587	0.623
	1001—3000 元	291	3.525		
	3001—5000 元	233	3.552		
	5000 元以上	409	3.594		

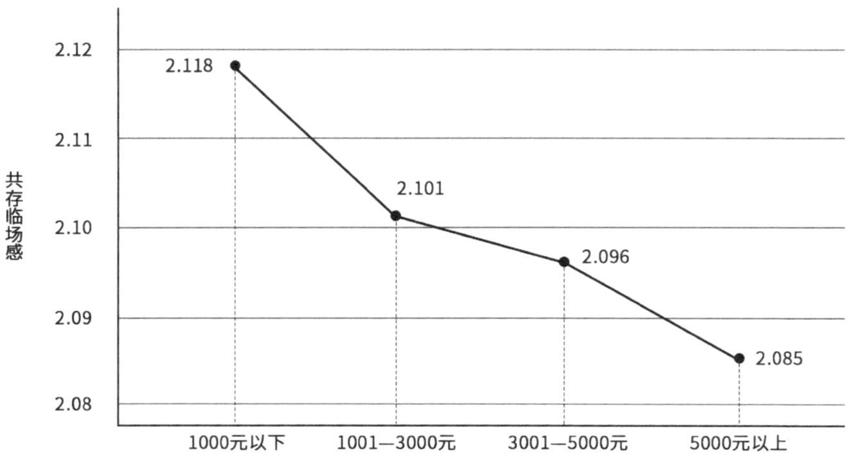

图 5-25 共存临场感 - 月收入频数分布折线图

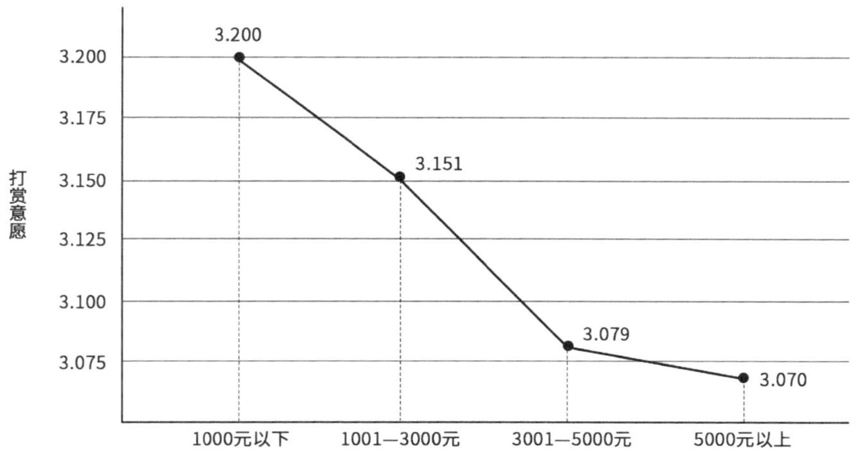

图 5-26 打赏意愿 - 月收入频数分布折线图

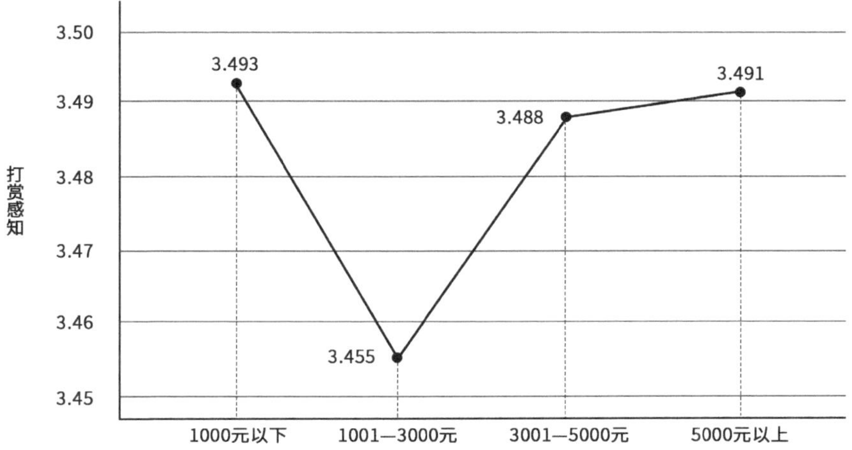

图 5-27 打赏感知 - 月收入频数分布折线图

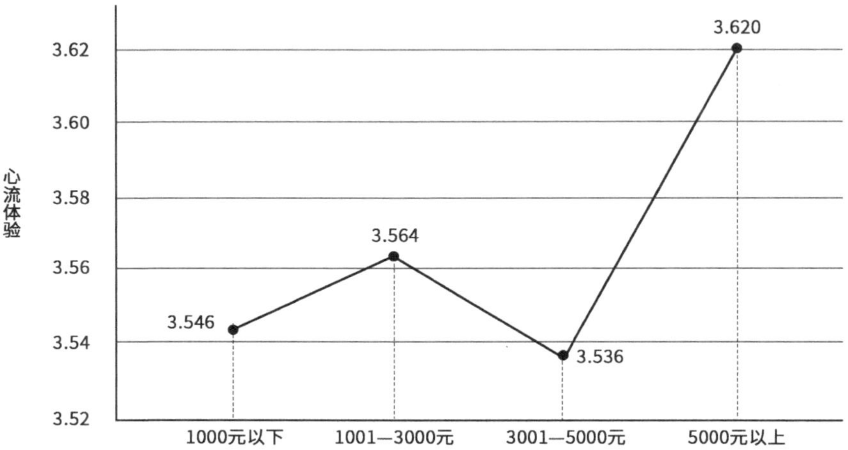

图 5-28 心流体验 - 月收入频数分布折线图

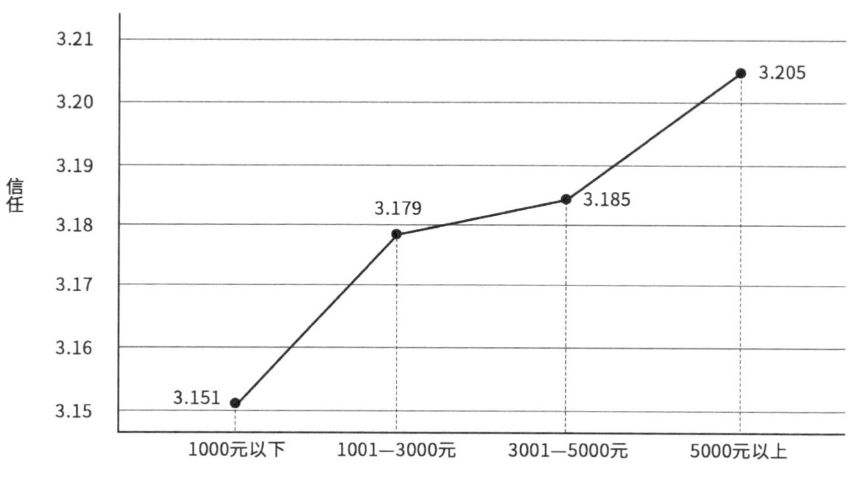

图 5-29 信任 - 月收入频数分布折线图

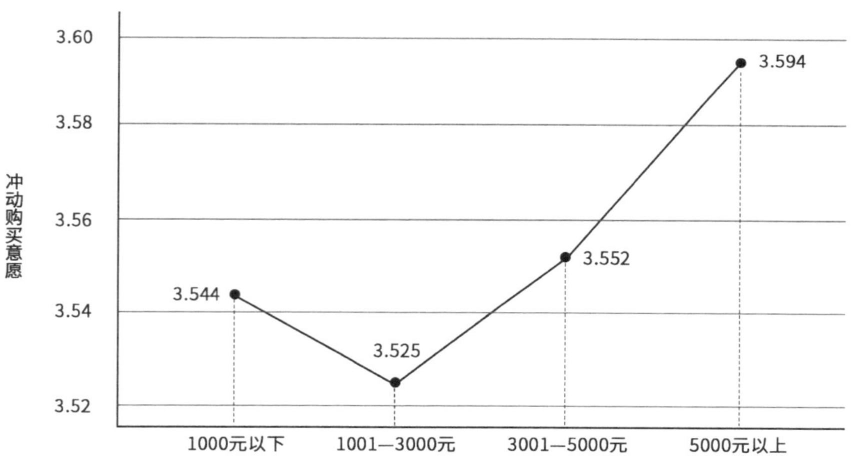

图 5-30 冲动购买意愿 - 月收入频数分布折线图

5.3.3 相关分析

Pearson 相关分析结果显示，共存临场感与打赏意愿、打赏感知、心流体验、信任和冲动购买意愿之间呈显著正相关（$r = 0.219 \sim 0.524$，$p < 0.001$）；打

赏意愿与打赏感知存在显著正相关（$r = 0.342$，$p < 0.001$）；打赏感知与心流体验、信任和冲动购买意愿间呈显著正相关（$r = 0.070$~0.097，$p < 0.01$）；心流体验与信任、冲动购买意愿间呈显著正相关（$r = 0.320$~0.560，$p < 0.001$）；信任与冲动购买意愿间存在显著正相关（$r = 0.627$，$p < 0.001$）见表 5–24。

表 5-24 相关分析表

因素	1	2	3	4	5	6
共存临场感	1					
打赏意愿	0.219***	1				
打赏感知	0.221***	0.342***	1			
心流体验	0.444***	0.016	0.070**	1		
信任	0.521***	0.055	0.073**	0.320***	1	
冲动购买意愿	0.514***	0.070**	0.097***	0.560***	0.627***	1

5.3.4 验证性因子分析

验证性因子分析（Confirmatory Factor Analysis, CFA）与探索性因子分析最大的不同点在于，理论模型的出现是在使用因子分析的方法之前还是之后，以及理论模型是作为结果出现的还是作为被研究对象出现的。

本书构建 26 个题项的验证性因素分析模型，结果表明，验证性因素分析模型拟合良好，表明该量表具有良好的结构效度（见表 5–25、图 5–31、表 5–26）。

表 5-25 模型拟合表

	x^2/df	CFI	TLI	RMSEA	SRMR
拟合指标	1.045	0.991	0.992	0.001	0.019
理想指标	<5	>0.9	>0.9	>0.9	<0.08

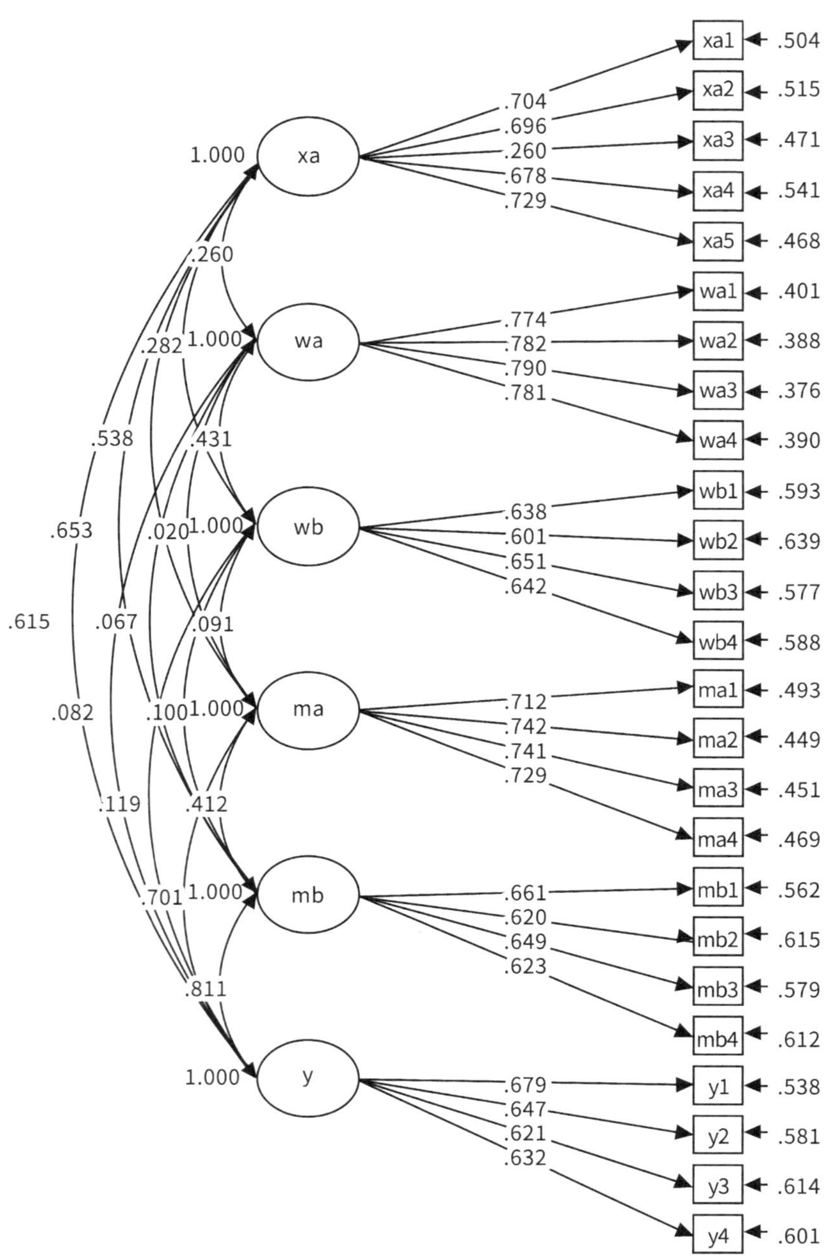

图 5-31 验证性因子分析图

表 5-26 路径系数显著性检验

因子	题项	Estimate	S.E.	C.R.	p	Label
共存临场感	XA1	1.000				0.704
	XA2	0.960	0.046	20.941	<0.001	0.697
	XA3	1.022	0.047	21.762	<0.001	0.727
	XA4	0.978	0.048	20.427	<0.001	0.678
	XA5	1.041	0.048	21.803	<0.001	0.729
打赏意愿	WA1	1.000				0.774
	WA2	1.024	0.039	25.970	<0.001	0.782
	WA3	1.021	0.039	26.215	<0.001	0.790
	WA4	1.012	0.039	25.927	<0.001	0.781
打赏感知	WB1	1.000				0.638
	WB2	0.905	0.061	14.844	<0.001	0.601
	WB3	1.007	0.065	15.546	<0.001	0.651
	WB4	1.002	0.065	15.432	<0.001	0.642
心流体验	MA1	1.000				0.712
	MA2	1.039	0.047	21.924	<0.001	0.742
	MA3	1.032	0.047	21.924	<0.001	0.742
	MA4	1.043	0.048	21.591	<0.001	0.729
信任	MB1	1.000				0.662
	MB2	0.929	0.054	17.178	<0.001	0.621
	MB3	0.998	0.056	17.678	<0.001	0.644
	MB4	0.939	0.054	17.322	<0.001	0.628
冲动购买意愿	Y1	1.000				0.672
	Y2	0.953	0.051	18.765	<0.001	0.645
	Y3	0.907	0.051	17.946	<0.001	0.613
	Y4	0.919	0.050	18.348	<0.001	0.629
	Y5	0.955	0.051	18.595	<0.001	0.638

5.4 研究假设验证

本书应用Mplus8.4 构建结构方程模型来检验所提出的理论模型及假设，并将所有变量均进行标准化处理，用以构建共存临场感与打赏意愿、共存临场感与打赏感知的交互项，以获得完全标准化的路径系数，结果表明，根据假设模型所构建的结构方程模型拟合良好（见表 5-27、图 5-32）。

表 5-27 模型拟合表

	x^2/df	CFI	TLI	RMSEA	SRMR
拟合指标	3.065	0.993	0.976	0.043	0.020
理想指标	<5	>0.9	>0.9	<0.08	<0.08

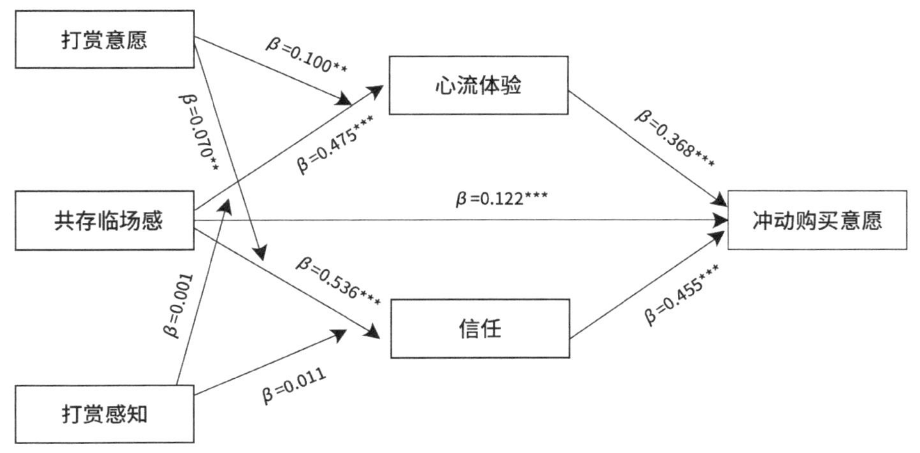

图 5-32 路径系数分析图

5.4.1 共存临场感与冲动购买意愿关系的假设验证（H1）

路径系数显著性检验表明，共存临场感显著正向影响冲动购买意愿= 0.122，p<0.001，因此假设 1 得到验证，即共存临场感高的购买者会有更强的冲动购买意愿。

5.4.2 共存临场感与心流体验关系的假设验证（H2）

路径系数显著性检验表明，共存临场感显著正向影响心流体验= 0.475，p<0.001，因此假设 2 得到验证，即共存临场感高的购买者会具有更强烈的心流体验。

5.4.3 共存临场感与信任关系的假设验证（H3）

路径系数显著性检验表明，共存临场感显著正向影响信任= 0.536，p<0.001，因此假设 3 得到验证，即共存临场感高的购买者会具有更强的信任感。

5.4.4 心流体验与冲动购买意愿关系的假设验证（H4）

路径系数显著性检验表明，心流体验显著正向影响冲动购买意愿= 0.368，p<0.001，因此假设 4 得到验证，即心流体验强烈的购买者会具有更强的冲动购买意愿。

5.4.5 信任与冲动购买意愿关系的假设验证（H5）

路径系数显著性检验表明，信任显著正向影响冲动购买意愿= 0.455，p<0.001，因此假设 5 得到验证，即信任感强的购买者会具有更强的冲动购买意愿。

5.4.6 打赏感知调节作用的假设验证（H6a、H6b）

本书将所有研究变量进行标准化后，构建共存临场感与打赏感知的交互项（Int1），由路径系数显著性检验表明，Int1 对心流体验的影响不显著= 0.001，p=0.960，因此假设 6a没有得到验证，即打赏感知没有在共存临场感对心流体验的影响过程中起到调节作用；Int1 对信任的影响不显著=0.001，p=0.960，因此假设 6b没有得到验证，即打赏感知没有在共存临场感对信任的影响过程中起到调节作用。

5.4.7 打赏意愿调节作用的假设验证（H7a、H7b）

本书将所有研究变量进行标准化后，构建共存临场感与打赏意愿的交互项（Int2），由路径系数显著性检验表明，Int2 对心流体验的影响显著= 0.100，

$p<0.01$，因此假设 7a得到验证，即打赏意愿在共存临场感对心流体验的影响过程中起到调节作用；Int2 对信任的影响显著= 0.072，$p<0.01$，因此假设 7b没有得到验证，即打赏意愿在共存临场感对信任的影响过程中起到调节作用（见图 5–33、图 5–34）。

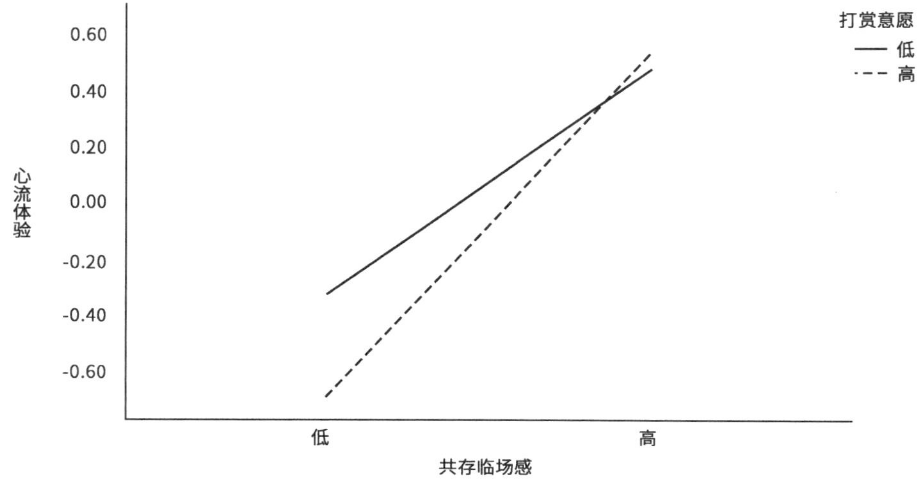

图 5-33 打赏意愿调节效应分析图（心流体验因变量）

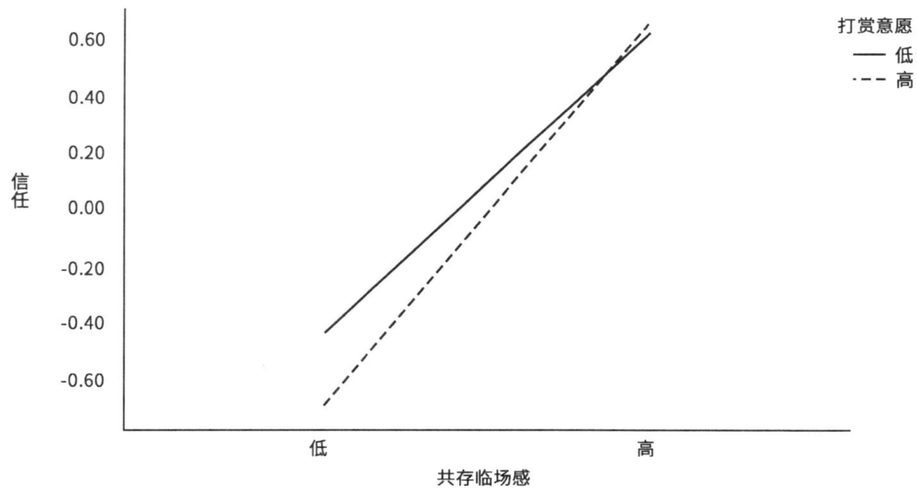

图 5-34 打赏意愿调节效应分析图（信任因变量）

5.4.8 心流体验中介作用的假设验证（H8）

本书应用Mplus8.4 采用重复抽样 5000 次Bootstrap区间，检验心流体验在共存临场感对冲动购买意愿影响中的中介作用。由于打赏意愿调节了共存临场感对心流体验的影响，因此需要先对心流体验的中介作用作有调节的中介效应检验，结果显示，有调节的中介效应指标为 0.036，重复抽样 5000 次 95%Bootstrap区间[0.018,0.058]，该区间不含有 0。因此，有调节的中介效应显著，即心流体验的中介效应根据调节变量打赏意愿的高低而具有差异，具体表现为打赏意愿高时的心流体验的中介效应，显著高于打赏意愿低时的心流体验的中介效应。因此，对心流体验的中介作用进行简单中介效应分析，结果显示，当打赏意愿高时，心流体验的中介效应为 0.209，重复抽样 5000 次 95%Bootstrap区间[0.169,0.251]，该区间不含有 0。因此，当消费者具有较高的打赏意愿时，心流体验在共存临场感对冲动购买意愿的影响中起到了中介作用，即共存临场感通过影响心流体验继而影响消费者的冲动购买意愿。当打赏意愿低时，心流体验的中介效应为 0.136，重复抽样 5000 次 95%Bootstrap区间[0.106,0.167]，该区间不含有 0。因此，当消费者具有较低的打赏意愿时，心流体验在共存临场感对心流体验的影响中起到了中介作用，即共存临场感通过影响心流体验继而影响消费者的冲动购买意愿。

5.4.9 信任中介作用的假设验证（H9）

本书应用Mplus8.4 采用重复抽样 5000 次Bootstrap区间，检验信任在共存临场感对冲动购买意愿的中介作用。由于打赏意愿调节了共存临场感对信任的影响，因此需要先对信任的中介作用作有调节的中介效应检验，结果显示，有调节的中介效应指标为 0.030，重复抽样 5000 次 95%Bootstrap区间[0.008,0.052]，该区间不含有 0，因此，有调节的中介效应显著，即信任的中介效应根据调节变量打赏意愿的高低而具有差异，具体表现为打赏意愿高时信任的中介效应，显著高于打赏意愿低时信任的中介效应。因此，对信任的中介作用进行简单中介效应分析，结果显示，当打赏意愿高时，信任的中介效应为 0.269，重复抽样 5000 次 95%Bootstrap区间[0.229,0.311]，该区间不含有 0。因此，当消费者具有较高的打赏意愿时，信任在共存临场感对冲动购买意愿的影响中起到了中介作用，即共存临场感通过影响信任继而影响消费者的冲动购买意愿。当打赏意愿低时，信任的中介效应为 0.209，重复抽样 5000 次 95%Bootstrap区间[0.174,0.245]，该区间不含有0。因此，当消费者具有较低的打赏意愿时，信任在共存临场感对冲动购买意愿的影响中起到了中介作用，即共存临场感通过影响信任继而影响消费者的冲动购买意愿。

表5-28 路径系数显著性检验表

因变量	自变量	Estimate	S. E.	Est. /S. E.	p	假设
冲动购买意愿	共存临场感	0.122	0.025	4.795	<0.001	H1
心流体验	共存临场感	0.475	0.026	18.255	<0.001	H2
信任	共存临场感	0.536	0.022	24.217	<0.001	H3
冲动购买意愿	心流体验	0.368	0.023	16.025	<0.001	H4
冲动购买意愿	信任	0.455	0.022	20.487	<0.001	H5
心流体验	Int1	0.001	0.029	0.050	0.960	H6a
信任	Int1	–0.011	0.028	–0.401	0.688	H6b
心流体验	Int2	0.100	0.030	3.304	0.001	H7a
信任	Int2	0.072	0.026	2.731	0.006	H7b

注：Int1，共存临场感与打赏感知的交互项； Int2，共存临场感与打赏意愿的交互项。

5.5 分析与讨论

本书在直播购物背景下，深入探讨了共存临场感如何影响消费者的内在心流体验和信任，及如何进一步提升其冲动购买意愿。本书结果提示，主播需要审视并提升自身在互动性、专业性和吸引力方面的表现。具体而言，主播应确保及时、有效地回应消费者，积极引导互动，以营造亲密的人际氛围，从而增强消费者的共存临场感。同时，主播还需对所推荐产品具备深厚的专业知识和丰富的使用经验，以展现其专业性，并赢得消费者的信任。此外，主播还可以通过独特的穿搭、人设等方式，展现个人魅力，打造独特的吸引力。这些努力将有助于激发观看直播的消费者的心流体验，进而显著提高其冲动购买意愿，从而优化直播营销效果。 在直播场景氛围的营造上，主播应致力于创造更具沉浸感和贴近线下购物环境的直播场景，以此进一步激发和维持消费者的心流体验和共存临场感。本书不仅为直播购物领域提供了有益的理论支持，还为主播、商家和直播平台在实际操作中提供了具体的指导建议。通过不断优化直播营销策略，电商直播有望实现更好的消费者体验和更高的营销效果。

6. 结论与展望

6.1　研究结论

本书以SOR模型和ELM理论为基础，构建了直播环境下消费者冲动购买行为的理论框架。该框架将共存临场感、打赏意愿和打赏感知作为刺激因素，消费者信任和心流体验作为内在心理过程以及冲动购买意愿作为最终响应。通过这一框架，本书深入探讨了直播环境下共存临场感对消费者冲动购买意愿的影响机制。在文献综述的基础上，本书归纳并总结了直播环境下共存临场感、信任、心流体验与冲动购买意愿之间的关系。随后，通过问卷调查的方式收集数据，并运用SPSS 24 和Mplus 8.4 等统计软件进行实证分析。研究发现，直播环境下的共存临场感对消费者的心流体验具有显著正面影响，进而促进消费者的冲动购买意愿。此外，消费者的心流体验、信任和共存临场感也对冲动购买意愿产生显著正面影响。同时，消费者的共存临场感对心流体验也产生了显著正面影响，而心流体验和信任在共存临场感与冲动购买意愿之间起到中介作用。此外，本书还探讨了打赏意愿和打赏感知在其中的调节作用。结果表明，打赏意愿和打赏感知能够调节共存临场感对心流体验和信任的影响，同时也能够调节心流体验和信任的中介效应。这一发现为本书深入理解直播环境下消费者的冲动购买意愿提供了新的视角。本书不仅揭示了直播环境下共存临场感对消费者冲动购买意愿的影响路径，而且为未来的研究提供了新的思路和方法。未来的研究可以进一步探讨其他因素在直播环境中的作用，以及不同消费者群体之间的差异和影响。

经过前面章节的深入讨论与分析，本书得出以下结论。首先，直播环境下的共存临场感对消费者的心流体验、信任以及冲动购买意愿均产生了显著的正向影响。这意味着在直播环境下，当消费者感受到与其他观众的共存临场感时，他们的购物体验、对卖家的信任感以及冲动购买的意愿都会相应提升。其次，心流体验与信任对冲动购买意愿均存在显著的正向影响。这表明当消费者在直播购物中体验到流畅、愉悦的心流状态时，或者对卖家产生了信任感时，他们更有可能产生冲动购买的意愿。然而，共存临场感对心流体验的调节作用并不显著，同时对信任的调节作用也不显著。这意味着共存临场感虽然能够提升消费者的心流体验和信任感，但并不能进一步调节或增强这种影响。此外，打赏意愿在共存临场感对心流体验和信任的影响中起到了正向的调节作用。这意味着当消费者的打赏意愿增强时，共存临场感对心流体验和信任感的提升作用会更加明显。最后，在不同的打赏意愿下，心流体验在共存临场感与冲动购买意愿之间的中介效应存在显著差异。同样，共存临场感与冲动购买意愿之间的信任中介效应也在不同的打赏意愿下存在显著差异。这表明打赏意愿不仅调节了心流体验和信任的中介作用，还建立了调节中介模型。直播环境中的共存临场感对消费者的心流体验、信任以及冲动购买意愿均具有重要影响。同时，打赏意愿在这一过程中起到了关键的调节作用。这些结论对于深入理解直播购物中的消费者行为以及优化直播营销策略具有重要意义。

在直播营销领域，企业与主播面临的关键挑战在于如何有效增强消费者的共存临场感，从而刺激其冲动购买意愿并最终促成购买决策。这一目标的实现，依赖于对直播营销方式的不断创新和优化。首先，要提升消费者在直播间的共存临场感，关键在于提高互动质量并赢得消费者的信任。主播应及时、积极地与消费者互动，以确保他们能够感知到其他参与者的实时存在，从而营造出一种人际互动的氛围。当消费者提出要求，如希望主播介绍、试穿或试用特定产品时，主播应迅速、准确地满足这些需求，以体现对消费者的关注和尊重。其次，为了保持消费者的持续关注和参与，主播需要尽力回答每个问题，关心每位观看直播的消费者，并传递出积极、热情的情绪。这种关注和热情不仅能够让消费者感受到被关怀，还能够增强他们对直播内容的兴趣和参与度。此外，直播间氛围的营造也是提升共存临场感的重要手段。愉快、温馨的氛围能够有效提升消费者的购物体验，进而增强他们的购买意愿。主播可以通过各种方式，如幽默的言辞、轻松的背景音乐等来营造这样的氛围。对于消费者而言，了解冲动购买意愿的形成机制同样具有重要意义。这有助于他们在直播营销中保持理性，克服各种干扰因素，专注于自己的实际需求。通过这种方式，消费者不仅能够提高购物质量，还能够避免不必要的冲动购买行为所带来的负面影响。通过改善直播营销方式、提高互动质量、营造温馨氛围以及引导消费者理性购物，企业和主播可以有效提升直播营销的效果和竞争力。这不仅有助于实现销售目标，还能够为消费者带来更加优质、高效的购物体验。

6.2 理论贡献

在直播购物的大背景下，共存临场感对消费者冲动购买意愿的影响成为一个重要的研究课题。本研究以SOR模型为基础，构建了共存临场感与消费者冲动购买意愿之间的关联模型，深入探讨了其中的影响机制。在模型构建过程中，消费者心流体验和共存临场感被纳入"机体"部分的情感和认知状态，以揭示其内在的心理过程。心流体验作为一种高度投入和享受的状态，对于消费者的购买意愿具有重要影响，而共存临场感则反映了消费者在直播购物中的社交互动和感知，对心流体验产生进一步的影响。从理论层面来看，心流体验和信任在消费者冲动购买意愿的形成过程中起着关键作用。本书发现，直播购物中高水平的共存临场感能够显著增强消费者的心流体验，进而促进冲动购买意愿的产生。这一发现不仅验证了SOR模型在直播购物情境中的适用性，还为我们揭示了消费者在直播购物中的购买行为模式和内在心理机制。同时，本书还从信息源视角出发，对信息源特性的理论研究进行了丰富和延伸。在直播"带货"这一新兴业态中，信息源特性对消费者行为的影响不容忽视。本研究的结果不仅为后续研究提供了新的视角，还为信息源特性的相关研究提供了有益补充。综上所述，本书通过深入探究共存临场感在直播购物中对消费者冲动购买意愿的影响机制，不仅丰富了SOR模型的理论研究，还为理解和认识直播"带货"中的消费者行为提供了新的视角。未来研究可在此基础上继续深入挖掘，为消费者行为学和信息传播学等领域的研究贡献更多的力量。

6.3 实践贡献

在直播营销领域，企业与主播所面临的核心挑战在于如何有效地增强消费者的共存临场感，进而刺激其冲动购买意愿和提高购买决策的效率。这需要我们精准把握直播营销手段的优化方向，通过提高消费者的共存临场感知、强化互动质量来构建信任桥梁，并打造一个舒适的购物环境，从而引发消费者的心流体验。这些措施对于提升商家与主播在竞争激烈的市场环境中的营销能力具有关键作用。要实现这一目标，企业和主播需采取一系列有针对性的策略。首先，确保与消费者之间保持即时且高效的互动至关重要，这有助于让消费者感受到实时的互动体验，营造出更接近真实的人际交流氛围。其次，要紧密关注消费者的需求变化及反馈，并迅速作出响应，例如，在消费者要求展示、试穿或试用商品时，主播应快速响应，满足其合理需求。同时，主播还需要确保对每位观看直播的消费者都给予充分的关注，做到有问必答，以确保公平性。此外，传递积极情绪和营造愉悦、温馨的直播间氛围也是增强直播营销效果的重要手段。主播应展现出热情、积极的态度，以感染消费者，进一步增强他们的购物体验。对于消费者而言，深入理解冲动性购买意愿的作用机制对于他们在网络购物过程中抵御干扰、聚焦实际购物需求具有重要意义。这不仅有助于提高消费者的购物满意度，而且还能在一定程度上提升他们的生活质量。因此，商家和主播在直播营销过程中，应高度重视培养消费者的共存临场感，以推动营销目标的高效实现。同时，还需要不断优化直播策略，以适应不断变化的市场环境和消费者需求，从而在竞争激烈的市场中脱颖而出。

本书对组织和参与直播营销的商家具有重要的实践指导价值。商家在选择主播进行直播购物营销活动时，应全面考量主播的互动性、专业性和吸引力。识别和培养具有潜力的新人主播，发挥他们的信息源特性优势，为商家主播队伍的建设提供理论支撑。商家可以通过对主播进行系统的培训和指导，提升他们的专业素养和直播能力，以更好地满足消费者的需求。对于直播平台而言，本书为平台系统设计提供了有益的参考。平台应关注提升主播的互动性、专业性和吸引力，通过设计更高效的互动功能和实时反馈机制，提升主播与观众的互动效率。同时，平台还可以在直播间开发更多专属、自定义功能，以便更好地凸显主播的吸引力和专业性。这将有助于提升直播间的观众体验，增强消费者的购物意愿。本研究还发现，消费者的共存临场感和心流体验对其冲动购买意愿具有显著影响。因此，在直播间的系统设计中，应注重提升消费者的心流体验和共存临场感。例如，通过优化界面设计、增强音视频质量、引入虚拟现实技术等手段，提升消费者的沉浸感和参与感。这将有助于提升消费者的购物体验，进而促进直播营销的效果。 综上所述，商家和平台应综合考虑主播素质、平台功能以及消费者心理体验，共同推动直播营销活动的成功与发展。通过不断优化主播培养和直播间设计，提升消费者的购物体验和购物意愿，从而实现直播营销的最大效益。

6.4 局限及未来展望

在深入研究相关文献的基础上，本书构建了共存临场感对消费者冲动购买意愿影响的理论模型。案例研究与统计研究结果表明，共存临场感通过影响消费者的内在心流体验和信任，进而对其冲动购买意愿产生显著影响。然而，本书的研究仍存在一定的局限性。首先，在样本选择方面，虽然本书聚焦于资深的直播购物消费者，但数据来源仅限于微信和QQ渠道，这可能导致研究结论在样本多样性方面存在不足。因此，未来的研究可以进一步拓宽样本范围，以涵盖更多不同背景和渠道的直播购物消费者，从而提高研究结论的普遍性和适用性。其次，在数据收集方法上，问卷调查法不可避免地受到被调查者主观误差和记忆衰减等因素的影响。为了降低这些因素的影响，未来的研究可以考虑采用其他数据收集方法，如实验法或观察法等，以提高数据的准确性和可靠性。此外，在消费者内在状态变量的选择上，本书仅考虑了共存临场感与心流体验。然而，可能存在其他重要的内在情感或认知变量，这些变量也可能对消费者的线上冲动购买意愿产生显著影响。因此，未来的研究可以进一步拓展和深化对消费者内在状态变量的探讨，以便更全面地理解消费者线上冲动购买意愿的内在机制。最后，在控制变量的考虑上，本书尚显不足。例如，消费者个体特质、不同的直播平台以及主播性别差异等因素都可能对消费者的冲动购买意愿产生影响。为了更准确地评估共存临场感对消费者冲动购买意愿的影响，未来的研究可以加强对这些控制变量的探讨和控制，以提高研究的精确度和可靠性。总体而言，尽管本书在探讨共存临场感对消费者冲动购买意愿的影响方面取得了一定成果，但仍需在未来的研究中不断改进和完善。通过拓宽样本范围、优化数据收集方法、拓展内在状态变量以及加强控制变量的方法，可以更深入地理解消费者线上冲动购买意愿的内在机制和影响因素，为相关领域的研究和实践提供更有价值的参考。

结合上述局限性，在未来的研究中可以从以下几个方面进行提升。

在方法论层面，未来的研究应致力于整合多元化的数据收集手段，包括但不限于眼动追踪、脑电图记录以及自然实验等，以捕捉消费者行为的实时、精确数据，推动研究向更深层次发展。此外，借助前沿的技术工具，特别是人工智能和机器学习算法，对海量的消费者数据进行分析，进而揭示消费者行为背后更为复杂的模式和规律。值得注意的是，结合虚拟现实和增强现实技术，能够构建一个更加真实、沉浸式的消费者体验环境，这将能够更深入地理解消费者在不同情境下的行为特征和决策过程。通过综合运用这些方法和技术手段，有望全面、多维度地把握消费者行为，为市场营销和消费者研究领域的进步提供更为深刻的见解和理论支撑。

在现有学术文献中，关于直播场景下的消费者行为研究仍显得相对稀缺。本书基于SOR模型，创新性地将共存临场感作为环境刺激因素，构建了通过消费者内在状态影响冲动购买意愿的理论框架。未来的研究可以进一步拓宽视野，从直播平台与内容的特性、主播与消费者的互动等多维度深入探讨直播购物中的消费者行为。例如，通过细致分析主播的表现方式、情感传递和互动模式，更加全面地揭示消费者在直播环境下的购买决策过程。同时，结合消费者的个人特质和心理因素，如个人偏好、信任度和社交影响等，进一步揭示消费者在直播购物中的行为特点和购买动机。这种综合性的研究视角将有助于更深入地理解直播购物这一新兴消费模式下消费者行为的复杂性和多样性，为相关领域的研究和实践提供更为坚实的理论基础和实证支持。

在变量的筛选上，未来的研究除了关注心流体验和信任这两个消费者内在状态变量外，还有必要探索其他可能影响消费者冲动购买意愿的因素。例如，消费者的感知和好奇心等心理状态，这些因素在直播购物环境中可能扮演着重要角色。通过深入研究这些变量，可以更全面地理解消费者冲动购买意愿的形成机制，进而揭示直播购物情境下消费者行为的多样性和复杂性。同时，为了更准确地分析消费者冲动购买意愿与其他因素之间的关系，未来的研究还需要考虑引入更多的控制变量。这些变量可能包括消费者个人特质、产品类别、直播平台等。通过控制这些变量，可以避免混淆和误导性结论的产生，从而更准确地揭示消费者冲动购买意愿的本质。此外，未来的研究还可以尝试采用纵向研究设计，对消费者在不同时间点的冲动购买意愿进行追踪研究。这种研究方法有助于了解消费者冲动购买意愿的发展和变化规律，为直播购物领域的实践和管理提供更为有效的建议和指导。综上所述，通过综合考虑以上因素，有望推动直播购物消费者行为研究领域的深入发展和进步。这不仅有助于提升我们对消费者行为的理解，而且还能为直播购物行业的健康发展提供有力支持。

参考文献

[1]Animesh, A. et al.(2011), "An odyssey into virtual worlds: exploring the impacts of technological and spatial environments on intention to purchase virtual products," *MIS Quarterly*, 35(3), 789–810.

[2]Bailenson, J. N. et al.(2001), "Equilibrium theory revisited: mutual gaze and personal space in virtual environments," *Presence:Teleoperators and Virtual Environments*, 10(6), 583–598.

[3]Beatty, S. E., and Elizabeth, F. M.(1998), "Impulse purchase: Modeling its precursors," *Journal of Retailing*, 74(2), 169–191.

[4]Bekkers, R., and Wiepking, P.(2010), "A literature review of empirical studies of Philanthropy," *Nonprofit and Voluntary Sector Quarterly*, 40(5), 924–973.

[5]Belk, R. W.(1975), "Situational variables and consumer behavior," *Journal of Consumer Research*, 2(3), 157–164.

[6]Bitner, M. J.(1992), "Servicescapes: The impact of physical surroundings on customers and employees," *Journal of Marketing*, 56(2), 57–71.

[7]Boenigk, S., and Helmig, B.(2013), "Why do donors donate?" *Journal of Service Research*, 16(4), 533–548.

[8]Carnagey, N. L.(2009), "Is it competitiveness or violent content? The effects of violent sports video games on Aggression," *Journal of Experimental Social Psychology*, 45(4), 731–739.

[9]Clark, A. et al.(2009), "Learning to see: Lessons from a participatory observation research project in Public Spaces," *International Journal of Social Research Methodology*, 12(4), 345–360.

[10]Csikszentmihalyi, M., and LeFevre, J.(1989), "Optimal experience in work and leisure," *Journal of personality and social psychology*, 56(5), 815.

[11]Cyr, D., Hassanein, K., Head, M., and Ivanov, A.(2007), "The role of social presence in establishing loyalty in e-service environments," *Interacting with computers*, 19(1), 43–56.

[12]Chen, Y.(2019), "Research on the driving factors of users' "rewarding" behavior in online media," *Economic Research Guide*, 30(2), 143–144.

[13]McKnight, D. H., Choudhury, V., and Kacmar, C.(2002), "The impact of initial consumer trust on intentions to transact with a web site: a trust building model," *The journal of strategic information systems*, 11(3–4), 297–323.

[14]Dai, B., and Liu, Y. Z.(2015), "A Study of wechat Users' Intention to Continue Using Based on Expectation Confirmation Model, Social Presence and Flow Experience," *Modern Information*, 35(03), 19–23.

[15]Debrot, A., Schoebi, D., Perrez, M., and Horn, A. B.(2013), "Touch as an interpersonal emotion regulation process in couples' daily lives: The mediating role of psychological intimacy" , *Personality and Social Psychology Bulletin*, 39(10), 1373–1385.

[16]Donthu, N., and Garcia, A.(1999), "The internet shopper," *Journal of advertising research*, 39(3), 52–52.

[17]Eroglu, S. A., Machleit, K. A., and Davis, L.M.(2001), "Atmospheric qualities of online retailing," *Journal of Business Research*, 54(2), 177–184.

[18]Fan, X. J., Jiang, X. Y.,Ni, R. R., and Dong, X. B.(2020), "The Influence of the interactivity of Live mobile Video on the intention of Continuous Use," *Journal of Systems Management*, 29(02), 294–307.

[19]Feng, J., and Lu, M.(2020), "An empirical study on impulse purchase Intention of live broadcast marketing in the era of Mobile Internet," *Soft Science*, 25(02), 1–12.

[20]Floh, A., and Madlberger, M.(2013), "The role of atmospheric cues in online impulse-purchase behavior," *Electronic Commerce Research and Applications*, 12(6), 425–439.

[21]Fonner, K. L., and Roloff, M. E.(2012), "Testing the connectivity paradox: Linking

teleworkers' communication media use to social presence, stress from interruptions, and organizational identification," *Communication Monographs*, 79(2), 205–231.

[22]Fortin, D. R., and Dholakia, R. R.(2005), "Interactivity and vividness effects on social presence and involvement with a web-based advertisement," *Journal of Business Research*, 58(3), 387–396.

[23]Garrison, D. R., Anderson, T., and Archer, W.(1999), "Critical inquiry in a text-based environment: Computer Conferencing in higher education," *The Internet and Higher Education*, 2(2–3), 87–105.

[24]Gray,G.R.H.(1977), "The social psychology of Telecommunications," *Telecommunications Policy*, 1(2), 175–176.

[25]Harrison, W. B., Mitchell, S. K., and Peterson, S. P.(1995), "Alumni donations and colleges' development expenditures: does spending Matter, " *American Journal of Economics and Sociology*, 54(04), 397–412.

[26]Hassanein, K., and Head, M.(2007), "Manipulating perceived social presence through the web interface and its impact on attitude towards online shopping," *International Journal of Human-Computer Studies*, 65(8), 689–708.

[27]Hsu, C. L., Chang, K. C., and Chen, M.C. (2011), "Flow experience and internet shopping behavior: Investigating the moderating effect of consumer characteristics," *Systems Research and Behavioral Science*, 29(3), 317–332.

[28]IJsselsteijn, W. A., De Ridder, H., Freeman, J., and Avons, S. E.(2000), "Presence: concept, determinants, and measurement," *In Human vision and electronic imaging V*, (3959), 520–529.

[29]Isaac, R. M., Lightle, J. P., and Norton, D. A.(2015), "The pay-what-you-want business model: warm glow revenues and endogenous price discrimination," *Journal of Behavioral and Experimental Economics*, (57), 215–223.

[30]Jarvenpaa, S. L., Tractinsky, N. and Saarinen, L.(2006), "Consumer Trust in an internet store: A cross-cultural validation," *Journal of Computer-Mediated Communication*, 5(2), 25–36.

[31]Karahanna, E., and Straub, D. W.(1999), "The psychological origins of perceived

usefulness and ease-of-use," *Information & Management*, 35(4), 237–250.

[32]Khalifa, M., Cheng, S. K., and Shen, K. N.(2012), "Adoption of mobile commerce: A confidence model," *Journal of computer information Systems*, 53(1), 14–22.

[33]Kim, J. Y., Nalter, M., and Spann, M.(2010), "Kish: where customers pay as they wish," *Review of Marketing Science*, 8(2), 1–12.

[34]Kim, J., Song, H., and Luo, W.(2016), "Broadening the understanding of social presence: Implications and contributions to the Mediated Communication and online education," *Computers in Human Behavior*, 65, 672–679.

[35]Krishnamurthy, S., and Tripathi, A. K.(2009), "Monetary donations to an open source software platform," *Research Policy*, 38(2), 404–414.

[36]Kunter, M.(2015), "Exploring the pay-what-you-want payment motivation" *Journal of Business Research*, 68(11), 2347–2357.

[37]Kushner, R. J., and Brooks, A. C.(2000), "Relationships among community interaction characteristics, perceived benefits, community commitment, and oppositional brand loyalty in online brand communities," *Industrial Marketing Management*, 43(1), 164–176.

[38]Laurenceau, J. P., Barrett, L. F., and Pietromonaco, P. R.(1998), "Intimacy as an interpersonal process: The importance of self-disclosure, partner disclosure, and perceived partner responsiveness in interpersonal exchanges," *Journal of Personality and Social Psychology*, 74(5), 1238–1251.

[39]Lee, E. J., and Park, J.(2014), "Enhancing virtual presence in E-tail: Dynamics of cue multiplicity," *International Journal of Electronic Commerce*, 18(4), 117–146.

[40]Lee, K. M. et al.(2006), "Can robots manifest personality? An empirical test of personality recognition, social responses, and social presence in human - robot interaction," *Journal of Communication*, 56(4), 754–772.

[41]Lee, K. M., and Nass, C.(2005), "Social-psychological origins of feelings of presence: Creating social presence with machine-generated voices," *Media Psychology*, 7(1), 31–45.

[42]Locke, E. A.(1987), "Social Foundations of thought and action: A social-cognitive

view," *Academy of Management Review*, 12(1), 169–171.

[43]Madhavaram, S. R., and Laverie, D. A.(2004), "Exploring impulse purchasing on the internet," *ACR North American Advances*, (08), 19–28.

[44]Marett, K., Pearson, R., and Moore, R. S.(2012), "Pay what you want : an exploratory study of social exchange and buyer-determined prices of Products," *Communications of the Association for Information Systems*, 30(06), 1–15.

[45]Matthews, S. F.(1995), "Jaber F. Gubrium and Andrea Sankar (eds.). Qualitative Methods in aging research. Thousand Oaks, CA: Sage Publications," *Canadian Journal on Aging*, 14(4), 795–796.

[46]McKnight, D. H., Choudhury, V., and Kacmar, C.(2002), "The impact of initial consumer trust on intentions to transact with a web site: a trust building model," *The journal of strategic information systems*, 11(3–4), 297–323.

[47]Merchant, A., Ford, J. B., and Sargeant, A.(2010), "Charitable organizations' storytelling influence on donors' emotions and intentions. Journal of Business Research," 63(7), 754–762.

[48]Michel, G., and Rieunier, S.(2012), "Nonprofit brand image and typicality influences on charitable giving," *Journal of Business Research*, 65(5), 701–707.

[49]Ning Shen, K., and Khalifa, M.(2008), "Exploring multidimensional conceptualization of social presence in the context of online communities," *International Journal of Human–Computer Interaction*, 24(7), 722–748.

[50]O'Neil, J., and Schenke, M.(2007), "An examination of factors impacting athlete alumni donations to their alma mater: a case study of a U.S. university," *International Journal of Nonprofit and Voluntary Sector Marketing* , 12(1), 59–74.

[51]Park, C. W., Iyer, E. S., and Smith, D. C.(1989), "The effects of situational factors on in-store grocery shopping behavior: The role of store environment and time available for shopping," *Journal of Consumer Research*, 15(4), 422.

[52]Robert, D., and John, R.(1982), "Store atmosphere: an environmental psychology approach," *Journal of retailing*, 58(1), 34–57.

[53]Rook, D. W., and Fisher, R. J.(1995), "Normative influences on impulse purchase

behavior," *Journal of Consumer Research*, 22(3), 305.

[54]Sargeant, A., and Lee, S.(2004), "Donor Trust and Relationship Commitment in the U.K. Charity Sector: The impact on behavior," *Nonprofit and Voluntary Sector Quarterly*, 33(2), 185–202.

[55]Sargeant, A., Ford, J. B., and West, D.C.(2006), "Perceptual determinants of nonprofit giving behavior," *Journal of Business Research*, 59(2), 155–165.

[56]Savary, J., Goldsmith, K., and Dhar, R.(2015), "Giving against the odds: When tempting alternatives increase willingness to donate," *Journal of Marketing Research*, 52(1), 27–38.

[57]Schons, L. M. et al.(2013), "There is nothing permanent except change—analyzing individual price dynamics in 'pay–what–you–want' situations," *Marketing Letters*, 25(1), 25–36.

[58]Stern, H.(1962), "The significance of Impulse purchase today," *Journal of Marketing*, 26(2), 59–65.

[59]Supphellen, M., and Nelson, M. R.(2001), "Developing, exploring, and validating a typology of private philanthropic decision making," *Journal of Economic Psychology*, 22(5), 573–603.

[60]Tang, Y., and Hew, K. F.(2020), "Does mobile instant messaging facilitate social presence in online communication? A two–stage study of Higher Education Students," *International Journal of Educational Technology in Higher Education*, 17(1), 68–75.

[61]Tu, C. H., and McIsaac, M.(2002), "The relationship of social presence and interaction in online classes," *American Journal of Distance Education*, 16(3), 131–150.

[62]Van Doorn, J., Mende, M., Noble, S. M., Hulland, J., Ostrom, A. L., Grewal, D., and Petersen, J. A.(2017), "Domo arigato Mr. Roboto: Emergence of automated social presence in organizational frontlines and customers service experiences," *Journal of service research*, 20(1), 43–58.

[63]姜参, 赵宏霞, 孟雷. B2C 网络购物在线互动与消费者冲动性购买行为研究[J]. 经济问题探索, 2014(05): 64–73.

[64]常亚平, 肖万福, 覃伍, 等. 网络环境下第三方评论对冲动购买意愿的影响

机制:以产品类别和评论员级别为调节变量[J]. 心理学报, 2012,44(09):1244–1264.

[65]康培,孙剑,邓彦宇.网络购物临场感、信任与消费者在线粘性——以 B2C 模式下消费者网购生鲜农产品为例[J].企业经济,2018,37（07）:89–97.

[66]崔剑峰. 在线促销方式对消费者感知风险和冲动购买意愿的影响研究[D]. 吉林大学,2019.

[67]陈洁, 丛芳, 康枫. 基于心流体验视角的在线消费者购买行为影响因素研究[J]. 南开管理评论, 2009,12(02): 132–140.

[68]陈旭, 周梅华. 电子商务环境下消费者冲动性购买形成机理研究[J]. 经济与管理, 2010,24(12): 19–22.

[69]陈迎欣,郜旭彤,文艳艳.网络直播购物模式中的买卖双方互信研究[J].中国管理科学,2021,29(02):228–236.

[70]代宝, 刘业政. 基于期望确认模型、社会临场感和心流体验的微信用户持续使用意愿研究[J]. 现代情报, 2015,35(03): 19–23.

[71]范小军,蒋欣羽,倪蓉蓉,等.移动视频直播的互动性对持续使用意愿的影响[J].系统管理学报,2020,29(02):294–307.

[72]冯俊, 路梅. 移动互联时代直播营销冲动性购买意愿实证研究[J]. 软科学,2020,34(12):128–133.

[73]龚潇潇, 叶作亮, 吴玉萍, 等. 直播场景氛围线索对消费者冲动消费意愿的影响机制研究[J]. 管理学报, 2019,16(06): 875–882.

[74]郭海玲, 赵颖, 史海燕. 电商平台短视频信息展示对消费者购买意愿的影响研究[J]. 情报理论与实践, 2019,42(05): 141–147.

[75]李志飞. 异地性对冲动性购买行为影响的实证研究[J]. 南开管理评论,2007(06): 11–18.

[76]罗汉洋,李智妮,林旭东,等.网络口碑影响机制:信任的中介和性别及涉入度的调节[J].系统管理学报,2019,28（03）:401–414.

[77]刘洋, 李琪, 殷猛. 网络直播购物特征对消费者购买行为影响研究[J]. 软科学, 2020,34(06): 108–114.

[78]李艳,张晴,罗琼.网络团购信任机制构建研究[J].中外企业家,2019(14):41–42.

[79]孟陆,刘凤军,陈斯允,等.我可以唤起你吗——不同类型直播网红信息源特

性对消费者购买意愿的影响机制研究[J].南开管理评论,2020,23(01):131-143.

[80]穆琳, 王玥. 网络服务场景对消费者购买意愿的影响分析[C]// 中国高等院校市场学研究会 2011 年年会. 2011.

[81]邱钰颖. 直播创造的社会临场感对消费者购买意愿的影响研究[D].山东大学,2021.

[82]王广新.网络课程论坛内社会临场感的结构与影响因素[J].电化教育研究,2008(11):48-52.

[83]王平.虚拟品牌社区社会临场感对成员持续参与意愿的影响研究[D].江苏大学,2020.

[84]王求真, 姚倩, 叶盈. 网络团购情景下价格折扣与购买人数对消费者冲动购买意愿的影响机制研究[J]. 管理工程学报, 2014,28(04): 37-47.

[85]吴锦峰, 常亚平, 侯德林. 网络商店形象对情感反应和在线冲动性购买意愿的影响[J]. 商业经济与管理, 2012(08): 35-44.

[86]吴娜, 宁昌会, 龚潇潇. 直播营销中沟通风格相似性对购买意愿的作用机制研究[J]. 外国经济与管理, 2020,42(08): 81-95.

[87]尹成鑫. 社交网络服务中信任对消费者购买意愿的影响研究 [D].成都理工大学,2019.

[88]喻昕, 许正良, 郭雯君. 在线商户商品信息呈现对消费者行为意愿影响的研究——基于社会临场感理论的模型构建[J]. 情报理论与实践, 2017,40(10):80-84.

[89]张伟, 杨婷, 张武康. 移动购物情境因素对冲动性购买意愿的影响机制研究[J]. 管理评论, 2020,32(02): 174-183.

[90]章璇, 景奉杰. 网购商品的类型对在线冲动性购买行为的影响[J]. 管理科学,2012,25(03): 69-77.

[91]赵宏霞, 才智慧, 何珊. 基于虚拟触觉视角的在线商品展示、在线互动与冲动性购买研究[J]. 管理学报, 2014,11(01): 133-141.

[92]周永生, 唐世华, 肖静. 电商直播平台消费者购买意愿研究——基于社会临场感视角[J]. 当代经济管理, 2021,43(01): 40-47.

[93]中国互联网络信息中心（CNNIC）第 49 次中国互联网络发展状况统计报告[R].2022.

[94]艾媒咨询，2021 年度中国在线直播行业发展研究报告[R].2022.

[95]姜婷婷,陈佩龙,许艳闰.国外心流理论应用研究进展[J].信息资源管理学报,2021,11(05):4–16.

附　录

您好！感谢您抽出宝贵的时间参与本次的问卷调查！

如果您近期观看过短视频电商直播“带货”并在此次观看直播的过程中购买了主播推荐的产品，那么敬请您认真填写本问卷。

本问卷所收集的数据仅供学术研究，严格保护您的个人隐私，问卷选项无对错之分，按照您本人真实情况和想法认真填写即可，再次感谢您的配合。

第一部分：个人基本信息

1. 您的性别

男、女。

2. 您的职业

学生、企事业单位在职人员、个体户、其他。

3. 您的月均可支配收入

1000 元以下、1001—3000 元、3001—5000 元、5000 元以上。

4. 您的年龄

18 岁以下、18—24 岁、25—36 岁、36 岁以上。

5. 您的最高学历

高中及以下、大专、本科、硕士、博士及以上。

6. 您的网购经历年限

1 年以下（包括 1 年）。

1—3 年（包括 3 年）。

3—5 年（包括 5 年）。

5 年以上。

第二部分：调查问卷

请您仔细回忆最近观看直播带货的经历，并据此填写本问卷的内容。

本部分题项的答案无对错之分，每道题目分为“非常不同意”“不同意”“一般”“同意”“非常同意”五个等级，分别代表 1 分到 5 分，请您如实选择即可，感谢您的配合。

序号	题项	非常不同意	不同意	一般	同意	非常同意
1	我可以感知到与我共同观看直播的消费者	1	2	3	4	5
2	我有一种在主播现场的感觉	1	2	3	4	5
3	观看直播让我感觉到其他消费者与主播就在我周围	1	2	3	4	5
4	我能够感知到身临其境的购物体验	1	2	3	4	5
5	我仿佛与其他消费者在同一空间买产品	1	2	3	4	5
6	我有打赏主播的打算	1	2	3	4	5
7	我会在下次观看直播中打赏主播	1	2	3	4	5
8	我会在以后观看直播的过程中打赏主播	1	2	3	4	5
9	我会在资金充足的情况下打赏主播	1	2	3	4	5
10	观看直播我总会注意到有人打赏主播	1	2	3	4	5
11	我会在直播中被他人刷的礼物所吸引	1	2	3	4	5
12	我会期待有人在主播直播间刷礼物	1	2	3	4	5
13	他人打赏主播时我更愿意购买产品	1	2	3	4	5
14	观看直播让我感觉时间过得快	1	2	3	4	5
15	观看直播让我无法做其他的事	1	2	3	4	5
16	观看直播让我快乐	1	2	3	4	5
17	直播会吸引我全部的注意力	1	2	3	4	5
18	我所观看购物直播的信誉值得我信任	1	2	3	4	5
19	我所观看购物直播的产品服务值得我信任	1	2	3	4	5
20	我所观看购物直播的专业性值得我信任	1	2	3	4	5
21	我所观看购物直播的产品价格值得我信任	1	2	3	4	5
22	我总会在直播间购买不需要的产品	1	2	3	4	5
23	我总有强烈的愿望在直播间下单购买产品	1	2	3	4	5
24	我每次进入直播间都会购买产品	1	2	3	4	5
25	我每次在主播介绍完产品后都想立即购买该产品	1	2	3	4	5
26	我总控制不住地想在直播间里购买产品	1	2	3	4	5